ヤクザ式　一瞬で「スゴい！」と思わせる人望術

向谷匡史

光文社新書

はじめに

「雑炊をつくるんは、わしの役目や」

と言って、私を驚かせた親分がいる。月に一、二度、若い衆たちと鍋を囲むそうだが、シメの雑炊は親分がみずからつくり、一人ひとり茶碗によそってやる。〃絶対権力者〃のこのやさしさに、

「うちの親分《オヤジ》は情《じょう》がありまっせ」

と若い衆は自慢する。

あるいは某組長は、取材に来た若いフリーライターを近所のラーメン屋に誘い、

「このところ、ちょいと物入りでよ。こんな店で申しわけないが、勘弁だぜ」

と、あえて〃台所事情〃を明かすことで、

「いい親分ですよ。ミエを張らず、誠意があってね」

と感激させている。

「バカ野郎！」

怒声と同時に灰皿を飛ばす暴君でありながら、若い衆に慕われる親分もいる。「兄貴のためなら、身体だって張れるっスよ」と、〝駆け出し〟から畏敬されている幹部もいる。社会的存在としては認められていなくとも、そこに棲息する人間の魅力――すなわち人望は別の価値観と言ってもよいのではないか。

これが、本書を執筆した動機である。

暴対法や暴力団排除条例を持ち出すまでもなく、ヤクザは社会の敵とされる。実際、市民を食いものにする蛇蝎《だかつ》のようなヤクザはいくらでもいる。だが、その一方で、魅力的な親分や幹部もまた、少なからず存在しているのだ。組員に心酔されるだけでなく、市民からも「いい親分さんだ」「ヤクザも大物になると腰が低いんだねぇ」「カタギには絶対に手を出さないんだってさ」と、そんな評判の親分もいる。

「社会の敵」であることと「人望」。

矛盾である。

だが視点を変えるならば、矛盾に満ちたヤクザ社会だからこそ、「人望術」という特殊なノウハウが凝縮された世界だと言っても過言ではあるまい。素《す》の人格ではない、見せたい自分を演出するスキルである。若い衆に夢を語って聞かせる親分もいれば、稚気《ちき》を見せる親分もいる。確かめようのない武勇伝を得々と披露する幹部もいる。褒め方、叱り方、目のかけ方、厳しさの演出、そして冷酷な計算と人間観察眼……。まさに、生き馬の目を抜く世界で培われたノウハウである。

ならば、これを拝借しない手はあるまい。

人間社会を生き抜いていくには、よくも悪くも自己演出は必要だ。《玉磨かざれば光なし》と譬《たと》えに言うがごとく、どんなに素晴らしい人格も、それだけでは人望にはつながっていかない。人格は、対人関係において評価されてこそ人望に昇華していくのである。ヤクザのノウハウを実社会でそのまま使うことは不可能だが、ある意味、人間関係のプロである彼らの人望術を咀嚼《そしゃく》し、自分流に置き換え、それぞれの立場で活かしていただければ幸いである。

なお本書の執筆に当たり、若手フリーライターとして多方面で活躍中の上野友行氏はじめ、コーエン企画の江渕真人氏、フリー編集者の小松卓郎氏、そして光文社新書編集部・古川遊也の諸氏に謝意を表する。

向谷匡史

目次

はじめに……3

第一章◉パフォーマンスの人望術

「おまえだけに」と内ヅラを見せる……14
部下の心をつかむ〝プレゼント術〟……18
使い方次第で領収書が「人望」に大化け……21
自分の「武勇伝」は創ってでも語るべし……24
「いい人」と思われたら終わり……28
大義名分を掲げ、部下のプライドを喚起せよ……31
「あの人のためなら」と思わせるパフォーマンス……35
夢は実現しなくても語ることに意義がある……39
まずは服装から——低予算でできる自己演出術……41
名刺には携帯電話の番号を刷り込むな……45
高くても「安いな」と余裕をカマす……49
若手の前では、明るくカラリと俗っぽい話を……54

第二章◉言葉の人望術

「キミにまかせるよ」のひと言で部下の目は輝く……60
「ワイはええねん」と常に〝第三者〟のスタンス……64
他人の自慢話を我田引水する「ムニャムニャ話法」……67
〝若い衆〟も感激！　仏教名句が心に響く……71
会話に「社長が」「専務が」とはさんでみる……75
叱ったあとに効く〝あとづけ〟のひと言……79
「優秀な部下をお持ちですね」とサラリ……83
説教には「人生体験」を付け加える……87

第三章◉実戦心理の人望術

褒めるときは二人きり、叱るときはみんなの前……92
デキない部下、使えない部下はこう褒める……96
肩書きが上がったときが人望UPのチャンス……99

親への気づかいについホロリ……103
借金を申し込まれたときの人心掌握術……107
孤立した部下を活かす裏技……111
「ホメる」効果を倍加させる人間関係術……115
〝昔の苦労話〟を人望力に転化させる……118
叱って人望を得るただ一つの方法……121
「彼、いいねえ」と思わせる口コミ演出術……125
周囲がモミ手ですり寄る「ヤクザ流」禁じ手……128

第四章◉部下の人望術

上司をヨイショするなら「客の前で」……134
〝人脈のダボハゼ〟は一生雑魚……138
ひたむきな「若い衆」が信頼される……141
見えない努力「アヒルの水かき」のススメ……145
「場面」を読んで上司をフォロー……149

悪い知らせは、「次善の策」とセットで知らせよ……153
上司の服装のマネをするのも一手……157
「将」を落とすには「馬」にゴマスリの矢を射よ……161
「大変だったスよ」――手柄のアピールは逆効果……166
「どうしましょうか?」という問いかけの賢い使い方……168

第五章◉自分磨きの人望術

「子供っぽい」人は「人望」がある人……174
「白か黒、灰色は無し」とハラをくくる……177
迷わない、ブレない上司に人望が集まる……181
部下の〝持ち物〟を奪うなかれ……185
人望の基本は一に健康、二に健康……188
「お金」でヘタなミエを張るのはNG……191
あるインテリヤクザの本音……195
リタイアしてから分かるのが本当の人望……198

第一章

パフォーマンスの人望術

「おまえだけに」と内ヅラを見せる

ヤクザはカラオケが大好きである。

理由は定かではない。

「自己顕示欲のあらわれですよ」

とバッサリ断ってしまうヤクザ雑誌編集者もいるが、いずれにせよ彼らはマイクを握ったら離さない。

♪　親のォォォ血を引くゥゥゥゥ……。

某夜——。
関西系ヤクザのQ親分が、恐い顔をゆがめて陶酔の境地である。しかも、うまいのだ。夜ごと歌いこんだ渋いノドは、聴いていて思わずうなるほどである。

「やっぱり、ヤクザはド演歌だね」

と感心したら、

「なに言うてまんねん。ウチの親分《オヤジ》は福山雅治を歌わせたら天下一品でっせ」

と同席する幹部氏が口をとがらせた。

「鳥羽一郎の間違いじゃないの？」

「違《ちゃ》う違《ちゃ》う、フクヤマや。『桜坂』なんか、本人よりうまいでぇ」

「でも、さっきから北島三郎のメドレーだけど」

「お宅が取材しとるからや。身内と飲むときはエグザイルかて歌うんやから」

「郷ひろみも歌いはります」

そばに控える若い衆が、笑みを浮かべて補足すると、

「せやったな」

幹部氏が鷹揚《おうよう》にうなずき、

「親分は郷ひろみと同世代やそうや。このあいだなんか、アッチチ、アッチいうて息切らせながら踊っとった」

「信じられない」

「当然や。お宅らにはわからんやろ」

幹部氏は得意顔で鼻をうごめかせた。

今夜は他人が同席しているので、親分はヤクザにとってオフィシャルなド演歌を歌っているが、身内と飲むときは流行歌も歌う——ということで、そのココロは「ウチの親分は、わしらにだけは素顔を見せてくれはるんや」と鼻高々で自慢しているのである。

このとき、口うるさいはずのQ親分がなぜ若い衆から慕われているのか、理由の一端がわかるような気がした。親分という立場を「外ヅラ」とするなら、立場を離れた素《す》の自分が「内ヅラ」。ビジネスマンも同じで、男が内ヅラを見せるのは身内に対してだけだ。すなわち、武闘派で恐れられるQ親分があえて内ヅラを見せることによって、

「親分は、わしらのことを家族や思うてくれとるんや」

と若い衆はうれしくなり、これが人望へと転じていくわけである。

私が知るリフォーム会社に〝鬼の営業部長〟がいる。頭にきて部下に携帯電話を投げつけたというパワハラ伝説の持ち主だが、〝身内〟の飲み会では女性アイドルグループの歌を熱唱する。ＡＫＢ48はもちろん、腰をフリフリしながら韓流グループＫＡＲＡの歌まで披露す

る。ヘタだが、ヘタの熱唱ゆえに部下たちはヤンヤの喝采を送る。

面白いから笑っているのではない。「面白い」は「宴会芸」であって人望とは無縁のもの。**部下たちは、社の内外で鬼と呼ばれる部長が、自分たちだけに内ヅラを見せてくれていることが「信頼の証《あかし》」としてうれしい**のである。

後日、Q親分に会ったとき、

「郷ひろみのアチチを歌って踊ることがあるんですってね」

と水を向けてみると、

「座興だ」

ニヤリと笑った。

ヤクザもビジネスマンも、人望を集める人間は必ず、下の連中に内ヅラを見せている。

「おまえだけに」「おまえたちだけに」「おまえたちだからこそ」——という言外のメッセージに、下の人間の気持ちはグラリとかたむくのだ。

部下の心をつかむ〝プレゼント術〟

誰に、それをプレゼントされたか。

値打ちは、ここで決まる。

たとえば、金ムクのロレックス。

「おっ、いい時計してるじゃん」

「宝くじに当たってさ。それで買ったんだ」

「何だ、そうなのか」

ホメた友人は、宝くじに当選したことをうらやましく思いはしても、醒《さ》めたリアクションをするだろう。

ところが、

「社長にもらったんだ」

と言えば、

「エエーッ！　社長に！」

目を剥《む》くに違いない。

しかも、買ってもらったのではなく、「これ、社長が愛用していたものなんだ」となれば、相手は唸るほどに驚くことだろう。

これが部下の心をつかむ〝プレゼント術〟なのだ。

ヤクザの親分は、この心理を熟知しているがゆえに、若い衆にモノをくれてやるときは新品を買い与えるのではなく、自分が身につけているモノを渡す。若い衆に自慢のタネもいっしょにくれてやるのだ。

私にこんな経験がある。若い衆と麻雀を打っているときのことだ。やたら彼の腕時計が目につく。右手に嵌《は》めているため、牌《パイ》に手を伸ばすたびにダイヤをあしらった金ムクのカルティエがキンキラ光るのだ。これみよがし――のように感じたので、

「いい時計だね」

と水を向けると、

「親分《オヤジ》にもらったんですよ」

得意顔で言ったのだった。**「親分にもらった」「兄貴にもらった」——という付加価値こそ、若い衆がもっとも喜ぶこと**なのである。

ただし、ここがポイントだが、人望家の親分と、そうでない二流の親分とは、渡すときのセリフに決定的な差がある。二流の親分は、こんな言い方をする。

「おう、この時計をやるぜ。百や二百万じゃ買えねぇんだから大事にしろよ」

このセリフは「俺はこんな高い時計をくれてやるんだ。太っ腹だろう」——という親分の自慢でもある。だから若い衆は喜びはしても感動は少ない。何となく恩着せがましさを感じてしまうのだ。

人望家の親分は違う。これはヤクザのカラオケ大会で目にしたことだが、親分が腕に嵌めていた高級時計をはずと、

「おれの使い古しで悪いな」

そう言って優勝した若い衆にプレゼントしたのである。

親分が「使い古しで悪いな」とへりくだっているのだ。このときの若い衆の感激がどれほどのものか、想像がつくだろうか。この親分は、時計をプレゼントすることによって、人望という金銭では購《あがな》うことのできない価値を得たのである。

使い方次第で領収書が「人望」に大化け

「おう、これでお茶でも飲んでくれ」

と言って、ヤクザの親分がクロコの分厚い財布から五千円を抜き出したとしたら、あなたはどう感じるだろうか。

（ヨッ！　太っ腹！）

ということは、もちろんないだろう。

（威張ってるわりには、けっこうしみったれてるじゃん）

そう思うのではないか。

ならば、おなじ五千円でも、次のような渡し方だったらどうか。

ヤクザ雑誌を舞台に活躍する友人ライターが、某親分をホテルのラウンジで取材したときのことだ。生ビールを飲みながら三十分ほど取材して、親分が伝票をつかんだのでライター氏があわてた。

「あッ、ここは私が！」

「いいから」

鷹揚《おうよう》に笑って四千数百円の支払いをすませると、

「これ、使ってよ。俺が領収書もらったってしょうがないからさ」

そう言って、親分は受け取った領収書をライター氏に差し出したのである。

「これはどうも」

思いもかけない気づかいにすっかり感激。「あの親分、いい人だよ」——とライター氏はホメちぎるのである。

「いい人」かどうかはともかく、彼の気持ちはよくわかる。私も駆け出し当時、似たような経験があるからだ。地方のヤクザ親分を取材し、辞去しようとしたときのことだ。

「ちょっと待って。いまタクシーを呼ぶから」

と親分が言ったので、

(何だ、気がきかねぇな)

と、私は思った。

訪ねたときは、若い衆がベンツで新幹線の駅まで迎えに来てくれたのだ。だったら帰りも送ってくれよな——と腹のなかでブツブツ言いながらタクシーに乗り込んだのである。そして、駅まで料金は数千円だったろうか。払おうとすると、

「いやいや、親分さんからもらってますので」

と運転手が手を横に振ってから、

「はい、これ。お客さんにお渡しするように言われていますので」

と領収書を差し出した。「経費で落とせ」——という親分のメッセージなのである。

（へぇ、垢抜けているな）

と感心しつつ、組員や商店街の旦那衆から信頼が篤いという評判はまんざらでもないと納得したのだった。

気づかいは、「ちょっとした」というところがポイントなのだ。たかが数千円——。いや、数千円であるがゆえに、人間心理に通じた親分はちょっとした気づかいを絡ませることによって、人望に大化けさせてしまうのである。

自分の「武勇伝」は創ってでも語るべし

「人斬りの××」といった異名は、全国津々浦々に存在する。

組のために一人で殴り込んだ——という武勇伝なら、掃いて捨てるほどある。真偽の程はわからない。実際、抗争事件で長い懲役に行った者もいるし、本人がそう語るだけで確かめようのない〝昔の武勇伝〟もある。「命知らず」「怒らせたら何をするかわからない」——といった評判がシノギに大きく影響する以上、真偽を超えてヤクザに「伝説」はつきものというわけである。

ことに親分ともなれば、武勇伝は不可欠だ。

理由は三つ。

一つは前述のように、ヤクザ社会は腕力勝負なので、イケイケがシノギに直結するということ。「温厚な、いい親分さん」と旦那衆から評判でも、衣《ころも》の下の鎧《よろい》を見せておかなければナメられてしまう。だから「あの人は、本当は恐い人なんだ」という武勇伝は必須となる。

二つ目は、若い衆へのアピール。「ウチの組長はすげぇな」と畏怖させるためだ。この場合、若い時分にジギリをかけた（組のために身体を張った）話が多く、言外に「おめぇらも、ジギリをかけてこそ一人前のヤクザだ」という意味がこめられている。

さて、三つ目。実は、これこそが武勇伝の真の狙いとなる。それは、若い衆が周囲に対して、〝親分自慢〟をする材料としての武勇伝だ。この場合、武勇伝の背景や親分の言動などディテールをつけ加え、若い衆が見てきたかのように話せるようにしてやる。

「凸凹会がウチの縄張《シマ》に事務所の看板を上げたと聞いて、親分《オヤジ》が激怒してさ。ちょうど料亭で飲んでたんだけど、ビール瓶を逆さに持って床の間にブン投げたんだ。ナントカって有名な人が書いた掛け軸が破れてさ。ン百万の掛け軸だぜ。親分はそれを承知でビール瓶を……」

そして、その夜のうちに拳銃《チャカ》を握って殴り込み――という武勇伝につながり、

「ウチの親分は、ヤクザの鑑《かがみ》だぜ」

という自慢になる。人望家として評判の親分は――そうと意識するかしないかは別として

――**若い衆が自慢できるような武勇伝があってこそ、人望を得て組織が強化されること**を熟

知しているのである。

武勇伝だけではない。

先日、一家違いの駆け出しの若い衆同士が、こんな会話をしていた。

「ウチの親分、またクルマを換えたんだぜ」

「このあいだ買い換えたばっかりじゃないか」

「今度のやつは特注ベンツで五千万」

「すげぇ」

「ああ、ウチの親分は凝り性だからよ」

親分自慢は自分自慢――となれば、必然的に親分にとって人望につながっていくというわけである。

私たちも同じだ。人間は〝自慢したがり〟で、自分のことが自慢できればベスト。自分自慢ができなければ上司や先輩自慢をしたりするものだ。**たとえ〝上げ底自慢〟であろうとも、「自慢される上司」は、部下の心中において人望につながっていく**のである。

某出版社の編集者たちに会うと、必ず編集長の話題を彼らは口にする。

「企画書を出そうとしたら、編集長が〝そんなものはいらん。売れるならＧＯだ〟って。大ざっぱというのか、度胸があるというのか」

と、こんな話を自慢そうに語るのである。

だから、部下や後輩を持ったら、彼らにとって自慢のタネになるような武勇伝やエピソードを披露することだ。披露する経験談がなければ創ればよい。

「入社早々、経営方針が間違っているんじゃないかって、社長室に乗り込んで直談判《じかだんぱん》してさ。クビを覚悟していたら、〝キミは見どころがある〟とホメられちゃった」

「接待の席で、クライアントがあまりに尊大な態度を取ったんで、コップのビールを顔にぶっかけてやったんだ。商談？　もちろんパーさ、アッハハハ」

一杯やりながら面白おかしく語れば、部下や後輩は他社の友人に、

「ウチの課長は豪傑なんだぜ」

と、これまた面白おかしく自慢するだろう。

「人斬りの××」が全国津々浦々にいるごとく、「伝説」は創ればいいのだ。

「いい人」と思われたら終わり

「人望家」と「いい人」は似て非なるものだ。温厚、紳士、頼めばイヤとは言わない——。こんな人は「部下にとって都合のいい上司」であって、「人望家」とは呼ばない。ところが部下から「いい人」とヨイショされて、悦《えつ》に入る上司の何と多いことか。

「人望」とは「畏敬」のことだ。畏《おそ》れ敬《うやま》う心なくして人望はあり得ないのだ。だからナメられてはならない。**ナメられたら最後、たちまち「いい人」に成り下がってしまう**のである。

このことを嗅覚的に知っているのがヤクザだ。コワモテで世間を渡っていく彼らだが、いつも肩を怒らせているわけではない。一般市民と知り合いになっておけば、シノギもしやすくなるかもしれない。一般市民に好かれることは、ヤクザにとってメリットがあるのだ。

ところが一般市民は、そこが見抜けない。

馴染みの飲み屋で顔を合わせているうちに、

(結構、いい人じゃん)

と親近感をいだくようになる。

ヤクザも計算ずくで、気さくな調子で会話する。武勇伝などヤクザの座談はたいてい面白いもので、腹をかかえて笑っているうちに、

「ヘーッ、たいしたもんだねぇ」

と、ついタメ口をきいたりする。

ヤクザが豹変《ひょうへん》するのは、そんなときだ。

「テメエ、この野郎!」

「!?――」

「調子こいてんじゃねぇ! 何だ、この野郎、さっきから聞いてりゃ、とぼけたことばかり言いやがって!」

「わ、私は何にも……」

なぜ怒りだしたのかわからず、顔を青くすることになる。

そして、ヤクザは頃合いをみて、

「知らない仲じゃなし、俺も四の五の言いたくねぇけど、口には気をつけてくれよな」

とトーンダウンさせ、

「すみませんでした」

「わかってくれりゃ、いいんだ。ま、一杯やんなよ」

とビールの一杯も注いでやって一件落着となる。

このとき「結構、いい人じゃん」というこれまでの評価は、「いい人だけど、ヤバイじゃん」に修正されるのだ。恐いだけのヤクザは蛇蝎《だかつ》のごとく嫌われるし、いい人ではナメられてしまう。**「いい人＋恐い人」であるからこそ、親しみやすくて頼りになる**――という気にさせるのだ。これもまた広い意味で人望の一つなのである。

畏敬のポイントは「畏れ」にある。「畏れ」は「恐れ」であり、相手を恐れる気持ちが屈折して「敬い」に転化していく。難しく考えることはない。のんびりと草を食《は》む牛が無造作にシッポでハエを叩くがごとく、たまには不意をつき、厳しい口調で部下を叱責すればいいのだ。

大義名分を掲げ、部下のプライドを喚起せよ

「こらッ！　わしがタバコくわえとんのが見えへんのか！」
「ボケ！　若頭《カシラ》が出かけんのやで。早《は》ようクルマのドア開けんかい！」

見送るときは腰を〝く〟の字に曲げる、来客には立ち上がって挨拶する、コーヒーを出したときのスプーンの位置、お茶を淹《い》れたときの量、クルマのドアの開け閉め、事務所の電話はコール一回で取る、組名は大声でハッキリ告げる……。駆け出しは、これらの礼儀作法を一つひとつ身体で学習していく。

どの組も、正規の組員になるには、半年から長くて三年程度の修業期間がもうけてある。その間、準構《じゅんこう》（準構成員）として、事務所や親分宅に寝泊まりし、便所掃除から洗濯まで一切の雑用をこなす。これが〝部屋住み〟と呼ばれるヤクザ社会の人材育成法だ。だから楽じゃない。

十人いて、残るのは一人いるかいないかで、たいていケツを割って逃げて行く。

では、なぜそうまで厳しくするのか。

「そら、あんた、若い衆がだらしないと組が笑われるがな」

とヤクザの誰もが口をそろえるが、私はちょっと違った見方をしている。

それは、プライドの植え付けである。

「ウチの組は礼儀にうるさい」

というボヤキは、

(ウチは他組織のようにダラダラした組とは違うぜ)

という自負の裏返しなのだ。

「ウチの組長は厳格でまいっちゃうよ」

という溜め息は、

(そういう厳格な親分にオレは仕込まれているんだぜ)

と胸を張っているのだ。

これが「カネに細かい」「酒グセが悪い」――といったネガティブなものなら本当のボヤキになるが、「礼儀」とか「厳格」など、誰が聞いても素晴らしいと評価することは大いなる〝親分自慢〟であり、「俺は××親分の若い衆だ」というプライドが植え付けられることになる。

同じような意味で、元読売新聞社社主・正力松太郎が遺した「巨人軍憲章」も、狙いはそこにあるのではないかと思っている。

遺訓は、

一、巨人軍は常に紳士たれ
二、巨人軍は常に強くあれ
三、巨人軍はアメリカ野球に追いつき、そして追い越せ

二と三はともかくとして、眼目は「紳士たれ」にある。

「アホらしい。野球と紳士と何の関係があるんだ」

などと選手は反発しない。

「紳士でいろなんて、冗談じゃねぇよ」

とボヤいてみせたとしても、それは「オレは、紳士であることを求められる巨人の選手な

んだ」という誇らしい気持ちの表れなのである。たとえ紳士とはほど遠い選手であろうとも、紳士たることを求められるということにおいて、球団を誇らしく思っている。この誇らしいという感情が、プライドの正体なのである。

だから**部下の人望を得たければ、大義名分を掲げ、これに対しては徹底してうるさく言えばよい。**

「志《こころざし》なき者は去れ!」

「数字が勝負だ!」

「私の部下に無能な者は一人としていない!」

うるさく言ってプライドが喚起されればよし。部下が〝ドン引き〟しそうなら、「私の部下は紳士たれ!」とでも活を入れればいいのだ。

「あの人のためなら」と思わせるパフォーマンス

親分のために命を賭けられるか。

フリーライターとして駆け出し当時、現役ヤクザに取材する機会があると、よくそんな質問をぶつけた。親分のために本当に死ねるのか、気の遠くなるような懲役に喜んで行けるのか――ということに興味があったからだ。

「タテマエや」

と答えたヤクザは当然ながら、一人もいない。

「子が親のために死ぬんや。本望《ほんもう》やないけ」

と関西ヤクザがギョロリと目を剥いて言えば、関東ヤクザはちょっと気取って、

「それが渡世ってもんさ」

鼻でフフッと笑ってみせたりする。

予期した返答であっても、言葉の微妙なニュアンスで本音か建前かがわかり、ヤクザという人種――いや、人間を知る上で大いに参考になったものだ。

そんな問答のなかで、

（えッ、マジ！）

と驚いたことがある。

その若い衆――関西V会のM組員は、こう言ったのだ。

「組長《オヤジ》のためなら死んでもかまへんよ。喜んで言《ゆ》うたらウソになるかもしらんけど、死んでもええ思うとる。組長に拾うてもらわれへんかったら、わし、いまごろ刑務所におるか野垂れ死にやろな」

日雇い労働者だった父親は酒乱で、飲むとみさかいなく暴力を振るったそうだ。母親が家を飛び出して一家離散。当時、十六歳だったM少年は、傷害事件を起こして少年院に収容。退院後は自宅に帰らず、公園を野宿して転々とするうち、V会の息がかかった不良少年グループとケンカしたことが縁で、V会に入門する。

「部屋住みやからね。寝るところとメシだけは安心や。小遣いかて、組長や兄貴がくれる。それに、ここは仲間もおる。ホンマ、天国や」

と真顔で言ってから、

「月に一、二度、組長がわしらに雑炊をつくってくれはるんや。そら、うれしいがな。お宅らになんぼ話したかて、この気持ちはわからんかもしらんけど、正直、〝組長のためなら死んでもええ〟と思うんや」

タテマエでなく、本気であることがひしひしと伝わってきたものだ。

部屋住みを置いている組では、若い衆が自炊したメシを一緒に食う親分はめずらしくない。部屋住みというのは、親分の自宅や組事務所に起居し、便所掃除から電話当番、客の応対まで、鉄拳と怒声でヤクザのイロハを覚えていく修業をいう。その部屋住みも、当世若者気質と住宅事情などから、都会の組織では少なくなってきたが、その効用を人心掌握術の視点から見る親分もいる。

「たまには若いもんがつくったメシを一緒に食ってさ。何だかんだバカ話をするんだ。同じ釜のメシを食うって言葉があるけど、人間、やっぱり情だからね。でなくちゃ、若いもんだって〝親分のために〟とはならんでしょう」

とは中堅組織の組長だ。

親分が白と言えば、黒いものも白くなる——というヤクザ社会も、**若い衆の心をつかむに**

は、情にまさるものはないということか。

後日、関西V会の組長に雑炊のことを問うと、

「そんなたいそうなもんやあらへん。鍋をやったあと、メシをブチ込むだけや」

謙遜しながらも、

「わしが、一人ひとり茶碗によそってやるんやけど、みんな大感激しよる」

安いもんやで——と本音をポロリ。

この〝人望術〟はサラリーマン社会でも使える。部下たちと鍋を突っついたあとでご飯を注文して、

「よし、今夜はオレが特製の雑炊をつくろうじゃないか」

とでも言って、ワイシャツを腕まくりし、一人ひとりによそってやるのだ。

大感激はせずとも、部下はうれしくなるだろう。

「部長が腕まくりしてさ」

と、少なくとも翌日以降、心あたたまるエピソードとして語られる。人望につながらないわけがないのだ。

夢は実現しなくても語ることに意義がある

ヤクザが夢を語る――と言ったら笑うだろうか。ところが実際、彼らは語るのだ。

ただ、

「世のため人のため」

というヤクザは、私の知る限り、まず皆無。夢のほとんどが「ゼニを稼ぐ」という一点に集約される。いいクルマに乗って、いい女を抱いて、札ビラを切って盛り場を流す――というのが、駆け出しや中堅がいだく〝夢の定番〟といっていいだろう。

だから、人望のある兄貴分は少ない。「ゼニを稼ぐ」という夢はきわめて個人的なもので、兄貴が稼ぐことと弟分がオイシイ目にあうことは必ずしも同じではないからだ。したがって「兄貴は兄貴、オレはオレ」という意識になりがちで、そこに人望が介在しにくいのは当然だろう。

そんなヤクザ社会にあって、駆け出しでありながら、不良少年たちから熱い尊敬のまなざしで見られているのが、若手のK組員だ。広域組織の四次団体――いわゆる〝枝〟と呼ばれる弱小組織の一員にすぎないが、不良少年たちが彼を慕い、集まってくるのだ。

なぜか。

K組員に会ってみて、その理由がわかった。夢を語るのだ。その夢も「ゼニを稼ぐ」ではなく、「天下を取る」なのだ。

「三十代で一家を構え、四十代で〝関東にKあり〟と言わせてみせます」

と、私の目を真っ直ぐ見ながら言い切る。

(大ボラ吹いて)

とはこちらも思わない。

夢は「目標」なのだ。「大志」なのだ。「頑張れよ」――と励ましはしても、笑いはしない。

K組員は、この同じセリフを不良少年たちに熱く語る。この夢に不良少年たちは惹かれ、自分の前途を託す。**語る夢にグラリとくるのではない。夢を語る人間に心を揺さぶられるのだ。**

すでに故人になられたが、かつて人望の厚さを謳われたヤクザ界の長老が生前、よくこんなことを言っていた。

「夢だの大志だのってやつは、本当に困ったもんだ。手形といっしょで、落ちるかどうかわかりゃしないんだけど、つい気持ちが入っていくんだね。言い換えりゃ、いずれ将来はああする、こうする、こうしたいって夢は若いもんの心をつかむってことだ。誰とは言わないけど、ちょいと頭の切れる親方（親分）は、そうやって人気なんだね」

坂本龍馬が「海洋立国の夢」を熱く語り続けたごとく、人気のある歴史上の英雄たちはみな夢を高く掲げている。これを人望という視点から見れば、夢は実現するかどうかが大事なのではない。夢を掲げ、語り続けることで人間的魅力が出てくるのだ。

まずは服装から――低予算でできる自己演出術

カネがなくても、あるように見えれば、それはあるのと同じ。あるいは、力がなくとも、武闘派に見られれば、それは力があるのと同じ――。ヤクザの「処世観」をひと言でたとえれば、そういうことになる。

当局の締めつけで、最近の都会ヤクザは目立たぬよう、ビジネスマン風のファッションになってきているが、まだまだ地方へ行けば、見るからに「ザ・ヤクザ」が少なくない。パンパンにふくらませたクロコの長財布、あめ玉のようなダイヤの指輪、金縁の色つきメガネ、そして黒いフィルムを張ったベンツ――。さながらガラガラ蛇が、ガラガラという音で周囲を威嚇《いかく》しながら、「こらッ、わしは恐いねんぞ!」とクネクネ地面を這っているようなものか。

だが、ガラガラはやっぱり恐く、効果は絶大で、一般市民は避けて通るし、債権取り立てなど、法律で容易に解決できない案件は彼らに頼ってきたりもした。暴対法や暴力団排除条例で、こうしたシノギはやりにくくなってはいるが、〝魚心あれば水心〟が人間社会。根絶されたわけではない。

だから、「あの組はすごい」という評判は、組のシノギに大いにかかわってくる。そのための演出は思わずうなるほどで、たとえば某組織は車種、ボディーカラー、ナンバープレートの数字まで同じにしたクルマを六〜七台連ねて走り、どのクルマに親分が乗っているかわからないようにしている。影武者ならぬ〝影クルマ〟といったところだが、窓に黒いフィルムを張った高級外車が隊列を連ねて走る様《さま》は異様な迫力があり、

「あの組はすげぇ」

という評判を得ることになる。

あるいは、親分が盛り場で飲むときは、警戒のため、耳にインカムを装着した組員が店の入り口に張りつき、要人警護のＳＰのごとく「いま会長が出るぞ」とやる。それを合図に、ベンツや国産高級車数台が一斉にエンジンをかけ、若い衆が路上に散らばる。そして数分後、店のドアが開いて、ボディーガード役の屈強な若い衆に取り囲まれた和服姿の会長が姿を現す——といった具合で、こうした演出もまた、

「あの組はすげぇ」

ということになるのだ。

そして、この「すげぇ組」の一員であることに、若い衆は誇りをもつ。つまり、**「あの組はすげぇ」という評判は、外部に対するデモンストレーションだけでなく、組織内において、親分に対する畏敬——すなわち人望にもつながっていく**というわけだ。

この流儀、それにもとづく演出術は、ビジネスマンにとっても大いに参考になるのではないか。

人望を得たければ、

「オレは、あの人の部下だ」

という誇らしい気持ちを部下に持たせる努力は必要だろう。

そのためには、まず服装が大事だ。「男は中身で勝負」と嘯《うそぶ》いてみたところで、ヨレヨレのスーツに、シミがついたネクタイを締めた上司を誰も尊敬はしまい。「いい人」にはなれるだろうが、それは部下の〝上から目線〟での評価なのだ。高級スーツでなくてもいい。どの程度の給料を取っているかは部下もわかっていることだから、一着買えば二着目はン千円――といったスーツでかまわない。何着かそろえて日替わりで着ていく。ネクタイだって同じだ。要は、服装に気を配っているという、その意識が、部下に通じればよい。ダンディズムとは高級スーツを着ることではなく、「美意識」を言うのだ。

財布の中身は、ヤクザ式に有り金を全部入れておくこと。部下の前で、お茶代を払うときの光景を思い浮かべれば、その理由はわかるはずだ。

「だけど、お金を持ち歩いているとつかっちゃうからな」

と、子供のようなことを言うようでは、人望とはほど遠いと知るべし。演出には、強い自制心がいるのだ。

そして、部下と話すときは、決してビンボーたらしい話をしてはいけない。

「住宅ローンが大変なんだ」

とこぼす上司にあこがれる部下など、いるわけがなかろう。

いつも余裕の態度でいること。内心はあせっていても、泰然自若でいること。ヤクザの親分だって、高いコストをかけて自己演出をしているのだ。努力せずして人望が得られるほど、人間関係は甘くはないのだ。

名刺には携帯電話の番号を刷り込むな

電話番号ひとつで、相手の心をわしづかみにする方法がある。

「あんただけに教えておこう」

というひと言だ。

実際、このひと言で、私はグラリときた経験がある。

いまから三十余年前、週刊誌記者時代の話だ。大相撲の八百長疑惑キャンペーンの取材を担当していた私は、関西ヤクザのS組長に取材を試みた。すでに故人になったが、S組長は当時、大相撲のタニマチとして知られており、八百長疑惑についてどんな発言をするか、興味があったからである。

だが、相手は名を知られた大物組長。それまでヤクザ業界を取材した経験がなかった私は、どういうふうにコンタクトを取っていいかわからず、ヤクザ専門雑誌の知人に組事務所の電話番号を教えてもらい、電話をかけた。

「〇〇組本部！」

コール二回で威勢のいい声が受話器を取った。

週刊誌名と名前を告げ、相撲界について話を聞きたい——と伝えると、

「組長に聞いて、あとで電話しますさかい、そちらさんの電話番号を教えてもらえまっか」

ということで、ものの五分ほどして折り返し電話がかかってきて、

「明日の午後一時やったら、事務所におられるそうです」

「うかがいます！」

で、翌日、カメラマンと一緒に新幹線に飛び乗った。

八百長については意図したコメントは取れず、取材は空振りに終わったが、強烈な印象と

していまも忘れられないひと言が、

「何か聞きたいことがあったら、事務所やのうて、家のほうに電話してくれたらええ」

自宅の電話番号を教えてくれたのである。

若かった私は、大物親分に信頼されたような気がして感激。いっぺんに好感を抱いたのだった。それからは、大相撲以外のことで何度かS組長宅を訪ねて取材することになるのだが、この気持ちは変わらなかった。

以後、記者として修羅場をくぐるうち、S組長の「家のほうに電話してくれたらええ」というひと言はパフォーマンスではなかったかという思いがよぎることになる。

「オレの専用電話を教えておくからさ」

「次から、携帯に直接かけてくれるかな」

そんなセリフを口にしながら、名刺の裏に電話番号を書いて渡してくれる親分や幹部が少なからずいたのである。これはきっと人心掌握術なんだ——そう合点したものだ。

ヤクザに限らず、好感をもって迎えられる人間は、このように携帯電話の番号を実に効果的に用いている。

ある芸能人とは取材で意気投合。

「事務所を通さなくていいから、携帯にくださいよ」

と言って私をうれしくさせたし、ＩＴ関連のオーナー社長を取材したときは話が弾み、

「会社の広報にはあとで私から言っとくから、コメントが欲しいときは、携帯にかけてください」

と言って、これまた私をいい気持ちにさせた。

それらが、計算されたパフォーマンスであったかどうかはわからない。だが**「あんただけに教えておこう」というひと言が、相手の心をわしづかみにする**ことは確かなのである。

このことから、名刺に携帯電話の番号を刷り込むのは、人間関係を濃密にするチャンスをみすみす逃しているということになる。営業マンはたいてい名刺に携帯電話の番号を刷り込んでいるものだが、人間心理に通じた営業マンはそうはせず、

「何かありましたら、携帯にお電話ください」

と言って、客や取り引き相手に渡した名刺に、わざわざ番号を書いてみせるのだ。

口に出さずとも、それを受け取った相手は、「あんただけ」というニュアンスを勝手に感じてうれしくなるのだ。

高くても「安いな」と余裕をカマす

思わず口にするひと言で、人間の器量は推し量られる。

ある親分が、一流ホテルのショップで、ウインドーに飾られたコートに目を留め、店内に入ったときのことだ。

「これ、いくらだい?」

「百五十万円で提供させていただいています」

「安いな」

こともなげに言うと、コートに手を伸ばし、指先で生地の感触を確かめた。この口調と仕草に、女性店員の顔つきがあきらかに変わった。

(買ってくれるかも!)

と思ったに違いない。

「ビキューナのなかでも、最高級の素材を使用しておりまして」

説明に熱がこもるのだ。

私は、親分のパフォーマンスに舌を巻いた。親分といっても、関東近県に棲息する零細組織。不景気のご時世に暴力団排除条例が追い打ちをかけて、シノギは苦しく、年から年中ピーピーしている。このことを知っているので、「安いな」と、こともなげに言ったパフォーマンスに驚き感心し、

(この親分の人望は、ここなんだな)

と合点したのである。

シノギが苦しくても、零細組織で武闘力に劣っていても、泰然自若としている親分に組員たちは安心感を覚えるのだろう。債権取り立てをめぐって関西大手組織の三次団体の名前が出たとき、この親分は、

「ああ、そうか」

と意にも介さず、麻雀を続けていたという。

あとで番頭役の本部長が、

「組長《オヤジ》、関西とモメるとヤバイですぜ。よく麻雀なんか打ってられますね」

揶揄《やゆ》するように言うと、

「心配したってしょうがねぇだろう。出てくるもんは出てくるし、出てこないもんは出てこない。じたばたしたって、何にも変わりゃしねぇんだ」

そう言ったのだと、これは木部長から聞いた話だ。

ちなみに先ほどのホテルのショップでは、

「コートなら何着もあるじゃないですか」

と本部長が〝呼吸〟を合わせ、

「それもそうだな。また寄らせてもらうぜ」

親分が店員にニッコリ笑いかけ、悠然と店を後にした。店員は廊下まで出て、最敬礼で見送ったのである。

この親分と真反対なのが、やはり関東某県で金貸しをやっている資産家だ。

ホテルのラウンジでコーヒーを飲めば、

「高いな！」

と顔をしかめる。

貸し付けた金がコゲつきそうになったら、

「ヤバイよ、どうしよう」

と狼狽《ろうばい》する。

デパートにスーツを買いに行ったときは、

「六万？　高《た》けぇ！」

と言って、女性店員に眉をつり上げて見せた。

「だったら量販店へ行け、くそジジイ！」

とはもちろん言わないが、店員は曖昧な笑顔の下で、そう罵っていたことだろう。

だから、この資産家は人望がない。金持ちだから周囲の人間は相手にしているだけで、そうでなければ洟《はな》も引っかけまい。それもこれも、思わず口にするひと言がすべてネガティブなものであるからだ。

ビジネスマンも同じだ。部下を連れて飲みに行き、勘定書きを見て、

「高いな」

と思わずつぶやけば、部下はどんな気持ちになるだろう。「予算オーバーなんだな」「高いものを注文しすぎたかな」「悪いことをしたな」……。それまで楽しかった雰囲気が一瞬にしてシラけてしまう。シラけるだけでなく、上司の不機嫌な顔を見れば、「来なきゃよかっ

た」とまで思うだろう。

こんな上司は、およそ人望とは無縁なのである。「高い」と口にしたところで、勘定が安くなるわけではない。支払う金額が変わらないのであれば、

「あれだけ飲み食いしたのに安いな」

とでも言えば、

（太っ腹だな）

と部下は感心し、気持ちいい酔い心地でいられるというわけだ。

「課長、大失敗をしました」

「何をやらかした」

「契約を逃しました」

「何だと！」

と怒ってみたところで、現実が変わらないのであれば、

「何だ、そんなことか」

と余裕をカマせばよい。

このパフォーマンスが人望につながっていくのだ。

若手の前では、明るくカラリと俗っぽい話を

実業家たち数人と銀座のクラブで飲んでいて、「ＡＫＢ48」の話題が出た。

「消費者に仕掛けていくという手法は、たとえばＡＫＢなんか研究すべきでしょうね」

という若手経営者のひと言が引き金だった。

「確かに」

もう一人の若手がうなずいて、

「フツーの女の子を、ファン――つまり消費者が育てていくという手法は、ある意味、逆転の発想ですね」

とフォローしたところが、五十代の社長が、

「くだらん」

と顔をしかめた。

「ただの〝色仕掛け〟じゃないか。若い女を、ずらりと並べてみせただけで、すぐに厭《あ》きられるさ」

話題に冷水を浴びせ、気まずい沈黙が訪れたところで、七十代の最長老が、

「ところで、あの〝総選挙〟ってのは、誰でも投票できるのかい？」

大マジメな顔で訊いたのである。

この問いにホステスたちはノリノリで、

「ＡＫＢのＣＤを買うと投票券がついてるのよ」

「確か、じゃんけん大会とかってのもあったんじゃなかったかな」

「そうそう、あれはね……」

こんな調子でテーブルが盛り上がって、最長老はモテモテ。反対に、「くだらん」と顔をしかめた五十代は総スカン——ということになった。

「七十になってもＡＫＢに興味を持つなんてステキよ」

と後日、この店のホステスのひとりが語れば、

「ＡＫＢがくだらないとか、カッコつける人はイヤよねぇ」

「上から目線」

「モテない典型ね」

と口々に言ったものだ。

彼女たちの人物評を聞きながら、若い衆から好かれている某親分のことを、私は思い浮かべた。

会長と呼ばれる某会のトップは、実に気さくで、二十歳過ぎの駆け出しを事務所でつかまえて、

「おう、最近のスマホじゃ高画質のエロ動画が見られるんだってな」

といったようなことを平気で問いかける。

「ハ、ハイ」

駆け出しは緊張で、直立不動。雲上人《うんじょうびと》の会長が、まさかエロ動画のことを自分ごときに訊いてくるとは思いもしないからだ。

「じゃ、ちょっと見せてみろ」

「た、ただいま」

大急ぎでスマホを取り出し、

「これですが」

と会長に差し出して見せたのである。

この会長は、若い衆に人望があることでよく知られているが、その秘訣は、銀座のクラブでモテモテだった最長老がそうだったように、若い衆に対する気さくな態度にあるものと私はニラんでいる。

会社も同じだ。

「安くて面白いキャバクラはないかねぇ」

天気予報の話でもするかのように、明るくサラッと俗っぽい会話が抵抗なくできる上司になってこそ、部下に好かれるのだ。

人望の大敵は、プライド。

「フン、くだらない話ができるか」

という上から目線でいる限り、部下の心をとらえることはできないのである。

第二章

言葉の人望術

「キミにまかせるよ」のひと言で部下の目は輝く

ヤクザは自己顕示欲が強い。

弱肉強食のヤクザ社会は、安目《やすめ》を売ったらメシの食いあげになるため、鼻差を競って相手の風上に立とうとする。「俺が俺が」――と自己顕示するのは、いわばヤクザの本能と言ってもいいだろう。

だから、知ったかぶりをするヤクザが少なくない。

「凸凹一家が跡目争いでガタガタしているって話だな」

「エッ、ホントかよ」

と目を丸くしたのでは、

「なんだ、知らなかったのか」

とナメられる。

ここは初耳であっても、「ああ、その話か」と余裕の笑みを浮かべつつ、

「だけど、話はついたらしいじゃねぇか」

さりげなくカマをかけて情報を得ようとする。

あるいは、

「おっ、クルマを買い換えましたね」

「特別仕様だから高いんだぜ」

と自慢するのはカタギの人で、ヤクザは違う。

「たいしたクルマじゃねぇさ」

と軽くいなす。

謙譲もまた自己顕示の一つというわけで、この心理を知らず、

「なるほど、たいしたクルマじゃないですね」

と、うなずこうものならボコボコにされるだろう。

ところが、その自己顕示欲の塊が「俺にはよくわからない」を口にすることがある。ことに人望家として知られる親分や幹部に多い。当然、そこには深慮遠謀があるのだ。

こんな例はどうか。

Ａ組長が、資産家から不渡り手形の取り立てを依頼されたときのことだ。

組長はさっそく幹部のＢ組員を呼んで、

「この手形、不渡りだそうだ。オーナーのところへ行って、ゼニを取ってきてやれや」

と命じてから、

「俺はバクチについちゃ、ちょいとうるさいんだが、ゼニ勘定のことはよくわからねぇんだ。頼んだぜ」

と、つけ加えたのである。

これは異例のことだ。上意下達《じょういかたつ》のヤクザ社会では、親分は命じて終わり。「よくわからねぇ」とか「頼んだぜ」とつけ加えることはない。それだけに、Ｂ組員は張り切って取り立てに向かったのである。

上司から頼りにされて、喜ばない部下はいない。しかも「私は忙しいから、キミが代わってやりたまえ」というのではなく、

「私にはよくわからないから、キミにまかせる」

と全幅《ぜんぷく》の信頼を置かれたとなれば、張り切るのはヤクザもビジネスマンも同じ。そして**「信頼された」という感激が、組長や上司の人望へとつながっていく**のである。

さらに、B組員はそのとき気づかなかったろうが、「まかせた」とは「責任はおまえにある」という言外の通告でもあるのだ。だから、必死で仕事をすることになる。

この人心掌握術は、大いに参考にすべし。

「ボクは企画一筋できたから、営業のことはよくわからなくてねぇ。キミの力に頼るしかないんだ。頼んだよ」

こう言えば、

「ハイ！」

部下は声を弾ませて返事をするだろう。やる気を喚起し、人望を得て、しかも責任を押しつけるのである。

ところが、凡庸な上司はミエにとらわれて、「俺にはよくわからない」というセリフが言えない。

「ま、営業は熱意が勝負だな。私が一緒にいければいいんだが、時間がないから」

知ったかぶりをし、部下を自分の〝代打扱い〟にしたりする。部下が張り切るわけがないだろう。こんな上司は人望を得ることもなく、したがって仕事もできないのだ。

「ワイはええねん」と常に〝第三者〟のスタンス

「第三者」のスタンスを常にキープする。

これが賢いヤクザの攻め方だ。

たとえば借金の取り立て。

「必ず返済しますから、もう少し待っていただけませんか」

「ワイに頭さげてもしゃあないで。頼まれただけやから」

ポーンと突き放し、

「ワイはええねんけど、頼まれて来た以上、手ぶらで帰るわけにはいかへんで」

恐い顔で相手をビビらせ、なにがしかの金品を剥ぎ取っていく。

これが「第三者」でなければ、貸した「当事者」の立場になってしまう。

「もう少し待っていただけませんか」

「期日、過ぎとるやないか」

「そこを何とか」

「あかん」

「お願いします」

「あかん言うとるやないか！」

懇願に対して反論と恫喝をしなければならなくなり、キリトリ（債権取り立て）の〝入り口〟で足踏みということになる。相手も必死だから、これではキリトリはうまくいかない。だから**関西極道なら「ワイはええねん」、関東ヤクザなら「俺は構わねぇけど」と枕に振り、「第三者」の立場で追い込んでいく**というわけである。

人間心理に通じたキレ者幹部は、この手法を人心掌握術として若い衆に用いる。

たとえば、広域組織の枝（末端組織）で、若い衆がキリトリに行ったときのことだ。のらりくらりの相手に激高してブン殴ったところが、「警察へ通報したるど！」と居直られてしまったのである。

キリトリどころか、訴えられたらパクられてしまう。しかも、お客さん──取り立ての依頼者も暴力団排除条例でヤバイことになる。若い衆は、業界用語で言うところのヘタを打ったというわけである。

キリトリを命じたX幹部としては、

「刺してこんかい！」

と怒鳴りつけたいところだが、そんなことをすれば大ごとになる。組長は使用者責任を問われるだろうし、本家も黙ってはいない。しかもキリトリはパーで、客もただではすまなくなる。

そこで、X幹部はどうしたか。

「このドアホ！」

という怒声をぐっと呑み込んで、

「やったもんはしゃあない」

と穏やかな声で言った。

「おまえのことについては、ワイが指詰めて親分に詫びればええこっちゃ。心配せんでもええ。せやけど、親分の顔をツブすわけにはいかんやろ。手ぶらじゃ、親分も客人に合わせる顔があらへん」

これが「ワイはええねん」という〃枕〃で、「ワイが指詰めて親分に詫びればええこっちや」という言葉に若い衆は感激し、「親分の顔を立てるのが、幹部に対する自分の務め」と決意するのだ。

「それで、わしの女——四人ほどおってんけど、みなソープに沈めましてん」

と当の若い衆が語ったものだ。さらに八方駆けずりまわって一千万円をつくったのだという。親分は客に対して顔が立ち、X幹部は親分に対して面目を保つと同時に、若い衆の人望も得た。一方の若い衆は女たちから恨まれ、しかも五百万円の借金をしょって四苦八苦するのだが、X幹部に心酔する気持ちに変わりはない。

「ワイはええねん」という一語は、使い方次第で、これほどの威力を発揮するのだ。

他人の自慢話を我田引水する「ムニャムニャ話法」

部下に自慢することのない上司は、人望を得ることは難しい。

自慢話がいやらしく聞こえるのは話し方の問題であって、自慢に値するようなエピソードは本来、その人の来歴を物語るものとして、聞いていて楽しいものなのである。したがって、**酒席で語るべき自慢話も武勇伝もない上司は、人望と無縁**ということになる。このことを弁《わきま》えているからこそ、自慢話に乏しい上司は友人知人を引き合いに出して自慢することになる。

たとえば、某社の広報課長氏は、社内誌の打ち合わせをした後の居酒屋で、

「友人に、ＩＴ関連の会社をやっているヤツがいるんだけどさ」

と部下たちに話しはじめた。

「毎晩のように飲み歩くんだけど、店に居合わせた人間にもバンバン奢っちゃうもんだから〝ＩＴ業界の勝新太郎〟と呼ばれているんだ」

「豪快っスね！」

「しかも酔っぱらうと、みんなを誘っちゃうんだ。だから二軒、三軒とまわるうちに知らない人間がゾロゾロ、なんてこともあってさ」

「太っ腹！」

「課長の友達って、すごいっスねぇ」

口々に感心しているが、部下が感心しているのは「課長」ではなく「課長の友人」なのだ。

どんなに自慢したところで、自分の株が上がるわけではないにもかかわらず、課長は自分がウケているものと勘違いして〝友人自慢〟を続ける。同席していた私は「それに引き替え、あなたはどうなの」――とツッコミを入れたくなったものだった。

　このテの自慢話はヤクザも同じだ。チンピラはともかく、人間心理に通じた一端《いっぱし》のヤクザともなれば、言いっ放しにはしない。いかに話せば自分にプラスになるか、ちゃんと計算しているのだ。

　たとえば、某会中堅のＹ組員が、新入り三人を連れて飲みに行った席でのことだ。

「凸凹親分が若い衆だったころ、拳銃《チャカ》握って事務所に乗り込んでバンバン！　当番が四人いてよ。皆殺しにするつもりで弾いたところが、みんな這いつくばって両手を合わせたってんだ。命乞いされちゃ、殺《や》るわけにはいかねぇもんな」

　と、著名な長老の〝自慢〟をしたあとで、

「だけど凸凹親分の気持ち、俺にも経験があるんで、よくわかるぜ」

　と、話題を自分に振ったのだ。

「エッ、兄貴も？」

　新入りが身を乗り出したところで、

「まあな。相手はいまも現役張ってるからくわしくは話せねぇけど」

と胸をそらせながら、

「殺るつもりで、その野郎の自宅《ヤサ》を襲ったことがあるんだ。チャカ構えたら土下座されちまってよ。そうなりゃ、弾《はじ》けるもんじゃねぇ。だから凸凹親分の気持ちはよくわかるんだ」

「そうでしたか」

と若い衆が、あこがれの目でY組員を見た顔が、私には印象深く残っている。

Y組員にそんな武勇伝があったとは寡聞《かぶん》にして知らなかったが、本当であれウソであれ、〝長老自慢〟を言いっ放しにするのではなく、自分に活かし、新入りの心をつかんだことは確かなのである。

他人の自慢をするときは、〝我田引水〟にするのだ。前述の「二軒、三軒とまわるうちに知らない人間がゾロゾロ、なんてこともあってさ」——といった〝友人自慢〟をしたならば、

「だけど、俺も彼の気持ち、わからなくもないな。俺も昔は、よくそんなこともやったもんさ」

と〝我田引水〟にもっていく。

「へぇ、課長がですか?」

「うん。いま思えば、きっと仕事も遊びもトコトンだったんだろうな」

あとはムニャムニャでいい。部下は勝手に〝ＩＴ業界の勝新太郎〟に上司を重ね合わせ、

「ウチの課長、結構やるじゃん」

と再評価し、同僚に吹聴することになるのだ。

〝若い衆〟も感激！　仏教名句が心に響く

親分には魅力的な人間が少なくない。

社会的存在としては否定されようとも、そこに棲息する人間の魅力は別の価値観と言ってもよいのではないか。選良たる政治家や、聖職のはずの教師に〝社会悪以下〟の人間が存在する現実を見れば、そんな思いに駆られる。

（殺れ！）

という阿吽《あうん》の呼吸で若い衆を走らせるには、「親分のため、組のため」といったヒロイズ

ムを刺激するだけの人間的魅力もまた、親分にそなわっているということでもあろう。

では、その人間的魅力はどこからくるのか。

二つある。

一つには、若い衆の権力への憧憬。高級外車を乗りまわし、いい女を抱き、肩で風切って歩くカッコよさへの単純なあこがれのことで、これには説明はいるまい。

ポイントは二つ目で、人望のある親分の多くが求道的であることだ。「求道」とは悟りを求める心のことで、ヤクザに悟りとは俄《にわか》に信じ難いだろうが、これは事実である。そして修羅場をくぐり抜けてきているだけに、彼らが語る人生論は、坊主のヘタな説法よりはるかに説得力があるのだ。

こんなことがあった。普段、威勢のいいことを口にしている新入りが、いざ抗争事件が起こったらビビってしまった。

「テメエ、それでもヤクザか!」

と親分が怒鳴りつけていたら、この若い衆から心酔されることはなかったろう。手打ちのあとで、親分は若い衆を呼んでこう語りかけたのだ。

「昔、空海という偉《えれ》え坊さんがいた。名前くらい聞いたことがあるだろう?」

「ハッ」

「その空海に、こんな言葉がある」

と言って、「能《よ》く誦《しょう》し、能《よ》く言うこと鸚鵡《おうむ》もよく為《な》す。言って行《おこな》わずんば何《なん》ぞ猩猩《しょうじょう》に異ならん」という言葉を口にしてから、

「口だけならオウムでも言えるし、口ばかり達者で行動がともなわねぇなら、猩猩と同じだという意味だ。猩猩ってな、猿に似た想像上の動物でな。ヤツらは人間の言葉を理解し、酒を飲むんだそうだ。おめぇは猩猩じゃねぇ、俺の若い衆だ。そうだろ?」

若い衆はうつむいていたが、

「申し訳ありませんでした!」

両手をついて謝ってから、

「親分、いまの言葉、もう一度教えていただけませんか」

と頼んだのである。

「字が難しいから書いてやるよ」

親分はそういって、筆ペンでさらさらと書きつけて渡すと、

「自分の一生の宝にします」

若い衆は感激の面持ちでそう告げたのだと、当の若い衆——十年後のいまは組の大幹部に出世したK氏は回想するのである。

「それから傷害事件や何やかやで都合五年ほど懲役に行くんだけど、親分《オヤジ》がそうだったように俺も仏教の本を読んでさ。若い衆に話をするときに、名句をさらりと口にしたらカッコいいな、と思っててさ。俺が感激したように」

刑務所で、宗教に目覚めるヤクザは少なからずいる。抗争事件で人を殺《あや》めた者もいるだろうし、長い期間を塀のなかで過ごしていれば否応なく人生というものを考えるだろう。獄中で仏教関係の書物を読みあさり、仏教名句に「ヤクザという生き方」を重ね合わせ、みずからを納得させるのである。

ケツを割りそうになった新人に、ある親分は「最下鈍《さいげどん》の者も、十二年を経れば、必ず一験《いっけん》を得る」という最澄《さいちょう》の言葉を引いた。この言葉は「どんなに才能のない人間であっても、ひとつのことを十二年続けていれば、必ず一つは秀でるものをつかむことができる」という意味で、親分は「黙って辛抱していれば必ず芽が出る」と説いてきかせたのである。

私は僧籍に身を置く一人だが、**時代の風雪にさらされて現代に伝わる仏教名句は、誰の口を借りようとも、それ自体が人の心を打つ**ということなのだ。部下を叱責するとき、褒めるときՆ、励ますとき、仏教名句は相手の腹にズシンと響くのだ。

会話に「社長が」「専務が」とはさんでみる

仕事でドジを踏めば青くなる。

ドジを踏んだこと自体にではなく、ペナルティーを恐れて青くなるのだ。反対に、ちょっとした手柄を立てれば得意になってアピールする。これもまた、上司の賞賛を期待してのことである。

「だから経営トップや上司たる者、賞罰の権限を手放してはならない。社員や部下は罰を恐れ、賞を喜ぶのだ」

と、中国の思想書『韓非子《かんぴし》』は説く。

これは紀元前三世紀、帝王が天下を治める要諦として韓非が著したもので、権力の扱い方とその保持について書かれている。ちなみに、かの秦王政《しんおうせい》は本書を熟読して中国最初の皇帝

(始皇帝《しこうてい》)になったと言われ、一般的に「強者の管理学」とも呼ばれる。

その『韓非子』が、

「罰と賞の二つの権限を握っていれば、部下を思いのままにあやつることができる」

と言うのだ。

二つ——というところがポイントで、「賞」を与えるのは楽しいものだが、「罰」は恨みを買いそうで気が重い。それでつい、**賞は自分が与え、罰は下の者にまかせ、〝いい顔〟をしようとする。だから部下にナメられる。**車輪の片方がないクルマが走れないのと同様、賞罰の権限を持つ立場にあるなら、絶対に両者を手放してはならない。これまで述べてきたように、上司・部下という人間関係において人望は「畏敬」とセットなのだ。

問題は、上司ではあるが賞罰の権限を持たない立場。いわゆる中間管理職である。

「おまえなんかクビだ!」

と怒鳴ったところで、賞罰の権限を持たないのだから部下はビビらない。ビビるどころか、権限がないにもかかわらずパワハラで経営トップに直訴でもされれば、ヤバイことになってしまう。

だが、権限がなくとも部下をうまく動かすことができなければ、上司として失格になる。

どうするか。

私が感心するのは中堅組織Z会のN組員である。三十代半ば。名刺の肩書きには「本部長付」とあるが、ヤクザは中堅ともなればシノギの都合上、何がしかの肩書きが付くもので、N組員の場合は、賞罰の権限を持たない中間管理職といったところか。

本来なら軽く見られるところだが、N組員は若い者から一目置かれている。「オレがオレが」と〝上げ底〟の自慢話を吹聴する世界にあって、彼はひと言も〝上げ底自慢〟をしない。そのかわり、さり気なく会話の流れの中で「会長が」「理事長が」「本部長が」――と、賞罰の権限を持つ組トップと最高幹部のことを持ち出し、

「このあいだ会長にハッパかけられて、まいったぜ」

と、こんな調子で口にする。

「何かあったんスか?」

「ちょっとな」

軽く笑って言葉を濁す。

あるいは、

「理事長が、おめぇらのことをホメてたぜ」

「そうスか！」

若い者は喜色を浮かべながら、Nの兄貴は会長や最高幹部と近しい関係だと勝手に想像するため、賞罰に間接的に関わる存在になるというわけだ。

N組員は中間管理職にすぎず、会長や最高幹部と親しく口をきける立場にはなく、ハッタリをカマしているわけだが、人間心理に通じていると部下に感心させるためにはカマしすぎないことが肝心だ。

「オレ、会長とはよくサシで話をするんだ」

と自慢げに言ったのでは、

（ホントかよ）

と疑われてしまう。自慢するわけでもなく、さりげなく、ごく当たり前のような口調で話すからリアリティを持って相手に伝わるというわけである。

話題は何だっていい。**「社長が」「専務が」「部長が」——と、賞罰の権限を持つ人間の名前を会話にちょこっとはさむだけで、部下は「おや？」と心に引っかかりをおぼえることになる**のだ。

叱ったあとに効く〝あとづけ〟のひと言

演出なくして人望はあり得ない。

思うままに生きて人望を得られるほど大人社会は甘くなく、人望は、演出という人間関係術の延長線上にあるものなのだ。

では、人望を得るための演出とは、具体的にはどんなことか。

結論から言えば、自分の行為を人望に転化させる〝あとづけのひと言〟だ。

たとえば、こんな例がある。

ヤクザ業界を取材するフリーランスのライターが広域組織の本部長を取材するため、組事務所を訪れたときのこと。

「バカヤロー！　ケジメ取ってこんかい！」

本部長が若い衆を叱責する場面に出くわした。怒声と同時に灰皿が飛び、若い衆は額から血を滴《したた》らせながらもまなじりを決し、事務所を勢いよく飛び出して行ったのである。

本部長は、その場に固まったライターに席を勧めてから、出て行った若い衆について、

「しょうがねぇ野郎だ。まったく、頭にくるぜ」

と言ったわけではない。

「かわいそうだけど、ああしてやらなきゃ、ヤツも踏ん切りがつかないと思ってね。若い衆を育てるのも楽じゃないんだ」

と言ったのである。

これにライターはいたく感激。

「ウワサには聞いていたけど、人情味があって、たいした人ですよ」

と本部長のことをホメちぎった。若い衆のためにあえて心を鬼にした——という意味の〝あとづけのひと言〟に心を揺さぶられたのである。

本部長がもし、「まったく頭にくるぜ」と吐き捨てていたなら、「頭にきたから灰皿でブン殴った」という〝腹いせ〟となり、評価は百八十度変わっていただろう。間違っても「人情味があって、たいした人」とは言うまい。

そしてライターは、この目撃談と本部長のセリフをあちこちで披露することだろう。「ウ

ワサどおりの人ですよ」「実は、こんなことがありましてねぇ」「人情味があって、たいした人ですよ」――と感心してみせ、額を割られた当の若い衆に対しては、

「本部長は、心を鬼にして灰皿を投げたんだぞ」

と、得意になって本部長の真意を話して聞かせることだろう。額の痛みは、感激に変わるに違いない。

私は本部長とは旧知だが、人望家としての彼の評判は、このような〝あとづけのひと言〟にあるものとニラんでいる。接客態度がなっていないとホステスを怒鳴りつけたときは、オロオロするママに、

「あの子のためだ。誰かがガツンと叱ってやらなきゃな」

と言って、ママを感激させた。

私が本部長と待ち合わせ、彼がめずらしく十分ほど遅れて来たことがある。このとき彼はこう言ったのだ。

「今日は前組長《オヤジ》の月命日なんで墓へ参ってきたんだ。帰りの道が混んでいて……。おっと、時間に遅れといて月命日もねぇな。悪かった」

こう言われた私は、

（月命日に墓参りとは律儀な人だな）

と感心したが、意地悪く勘ぐれば、本当に墓参りに行ったのかどうか私にはわからない。

時間に遅れたというネガティブなことさえも、〝あとづけのひと言〟によって、本部長は「律儀な人」になってしまうのだ。「演出なくして人望はあり得ない」とは、こういうことを言うのである。

「そんなことで仕事が務まるか！　いますぐ先方に行って土下座してきたまえ！」

頭にきて、思わず部下を怒鳴りつけたならば、

「叱るのもつらいね。でも、彼のためなんだ」

とでも周囲にもらすことだ。

この〝あとづけ〟のひと言によって、評価はガラリと変わってくるのだ。

「優秀な部下をお持ちですね」とサラリ

「褒め言葉」が人望力のキーワードであることは、先に述べた。直接、相手を褒めるのではなく、第三者を介する効用についても、事例をあげて記した。この項では、応用として、取り引き先の上司と部下をセットで搦《から》め取る〝決めゼリフ〟を紹介しよう。ヤクザ社会でよく口にされるセリフなのだが、これを商談がまとまったビジネスシーンなどで用いると、効果はバツグンなのである。

バブル華やかな時代の話。某組織からヤクザ専門雑誌に、関西の武闘派組織から強烈なクレームが来て、担当編集者と編集長がお詫びのため下りの新幹線に飛び乗った。クレームの内容は、誌面に掲載された組長の写真である。ちょうど首の部分に窓枠が写っていて、まるで首がちょん切られているかのように見える――というものだった。

いまはこんなバカげたクレームは少なくなってきたが、ヤクザがイケイケで驀進《ばくしん》していた当時は、ちょっとした記述ミスや写真にインネンをつけ、競うようにして訂正文を誌面に掲載させたものだ。

「詫び文を載せんかい」

「承知しました」

「よっしゃ。ほなら表紙から裏表紙まで全部、詫び文で埋めたれ」

「そ、それは……」

「何やと！　おのれ、いま詫び文を載せる言《ゆ》うたやないか！」

こんな世界なのだ。余談ながら、故人となった関西系の某組長は「わしは××誌に四百二十字の〝お詫び〟を書かせたでぇ」と私に自慢したものだ。

ついでに書いておけば、ヤクザ専門雑誌の編集部では、発売日の電話は誰も取りたがらないと言われていた。「こらッ、××一家のもんじゃ！」――なんてヤクザからのクレームが来るからで、相次ぐクレームに三日で逃げ出す新人編集者もいた。

で、冒頭の二人はどうなったか。

「緊張しまくりで、新幹線の中でお互いにひと言も口をききませんでした」

と、のちになって編集長氏は語ったものだ。

しかし、彼らには意外な結末が待っていたのである。

事務所を訪ねると、親分はいきり立つ若い衆を制して、こう言ったのだ。

「まあ、待て。こうして大阪まで駆けつけとるし、この担当者は、責任はみな自分にある言うとるやないか」

そして笑みを浮かべると、編集長に向かって、

「ええ社員を持っとるやないか」

このひと言に、二人の気持ちはグラリ。

「ホッとしただけでなく、何となく嬉しくなっちゃいましてね。すっかり親分のファンになりましたよ」

「まったくだ。あの親分はさすが人物だな」

担当編集者と編集長は居酒屋でうなずきながら、熱く語ったものだ。

私はその後、取材を通じて何人ものヤクザの親分に会うのだが、人間心理に通じた親分の常套句《じょうとうく》が、

「ええ若い衆を持ちましたな」

という一語であることに気がついた。

わざわざ当の若い衆がいる前で、その上司にあたる組長や幹部に告げるのだ。

「いやいや、ハンパ者ですよ」

と組長や幹部は笑みを浮かべながら謙遜してみせ、当の若い衆も頭を下げながらニカッとするのだ。

「ええ若い衆を持ちましたな」——という一語は、言葉としては若い衆に向かって直接褒めているわけではない。親分や幹部を直接褒めているわけでもない。いわば客観的な視点で言っているにすぎないのだが、客観的視点とは「評価」のことであり、誰だって言われて悪い気はしないものなのである。

商談がうまくまとまり、相手側の担当者と上司が同席していれば絶好のチャンス。

「優秀な部下をお持ちですね」

と、ひと言つけ加えること。上司と担当者をダブルで搦め取ることもできるのだ。

説教には「人生体験」を付け加える

坊主の説法を聞いて、

「なるほど」

と腑に落ちるか、

「そんなきれいごとで、世間が通るか」

と、腹のなかでアッカンベーをするか。

どっちに転ぶかは、その説法が、話し手である坊主の「人生体験」に裏打ちされているかどうかで決まる。

たとえば、ある坊主が説法するとしよう。

「エー、日本天台宗の開祖最澄に、こんな言葉があります。『道心の中に衣食《えじき》有り、衣食の中に道心無し』。道心とは、仏道を学び実践する心のことで、目標を定め、それを究《きわ》めたいと思うなら、衣食のことなど考えてはならない。志を貫けば衣食はおのずとついてくる――という意味ですな。ま、ひらたく言えば、生活の心配なんかしていては事《こと》は成せないということ」

「なるほど」

とは思いつつも、

「せやけど、現実問題として、生活のこと心配せずに生きていけまっか？」

という思いが頭をもたげてくるだろう。

腹のなかでアッカンベーである。

ならば、このような説法ならどうか。

最澄の言葉を紹介してから、

「こんなきれいごとを言って、生きていけるのか――私は腹が立ちましてね。田舎の貧乏寺ですから、毎日が生活の心配や。だけど、心配したからといって、お布施《ふせ》が増えるわけじゃない。そこで、〝よっしゃ、寺がつぶれてもええ、餓死してもええ〟と居直りましてねぇ。一心に仏道に励んだんです」

その結果、いまもこうして元気で生きてるし、メシもちゃんと食えている――と説法を展

開すれば、

「なるほど、人生っちゅうのはそんなもんか」

と納得するだろうし、

「この坊さんの話、もっと聞きたいな」

ということにもなる。

これが「人生体験」の重みというやつで、この重みなくして部下の人望を得ることはできない。仕事につまずいて落ち込んでいる部下に、

「なあに、いいときもあれば、悪いときもあるさ。人生なんて、そんなもの」

と言って励ましても、説得力がない。

（この野郎、人ごとだと思ってノンキなこと言ってやがる）

と反発だってするだろう。

ところが、

「なあに、いいときもあれば、悪いときもあるさ。あれは、私が入社して三年目の夏のことでね。大事な取り引きで……」

と、自分の失敗談を話しつつ励ませばどうか。

（そうか、そうなんだ！）

と勇気づけられ、この上司に信頼感をいだくに違いない。

私が感心するのは、ヤクザの親分や幹部で、組員の人望が篤《あつ》い人間は、なぐさめや励ましが実にうまいことだ。

「実は、オレも若けぇころにな……」

と、自分の人生体験を持ちだし、その上でなぐさめたり励ましたり、諭《さと》したりする。

人生体験というリアリティがポイントで、

「エッ、親分にもそんなことが！」

と若い衆を感激させるのだ。

人生体験が乏しいからといって、気にすることはない。人望を得るために大切なことは、人生体験の有無ではなく、相手の納得感。つまり、体験があるかのように話せばいいだけのことなのである。

第三章

実戦心理の人望術

褒めるときは二人きり、叱るときはみんなの前

ビジネスマンは、人間関係の〝詰め〟が甘いのではないか。

ヤクザ社会を見ていると、つくづくそう思う。

たとえば「部下の褒め方、叱り方」だ。人望を集める基本とも言うべき技術で、ビジネス指南書の多くは「褒めるときはみんなの前で、叱るときは二人きりで」と教える。

みんなの前で褒めれば、当人は鼻高々でさらに頑張り、他の人間は「よし、俺も褒められるぞ！」と発奮する――という理屈だ。一方、叱るときにこれをやると、当人は謙虚に反省するどころか、「恥をかかされた」と恨みをいだく。皆も明日はわが身と萎縮し、組織は沈滞する。だから「叱るときは二人きりで」というわけだ。

ヤクザは違う。

逆だ。

褒めるときは二人きり、叱るときはみんなの前なのだ。

こんな例はどうか。

広域組織の下部団体同士がモメたときのことだ。駆け出しのS組員がドスを握って相手の事務所に乗り込み、男を上げた。だが親分は、組員たちの前で褒めることは一切せず、S組員を自宅に呼んで、「よくやった」とねぎらってから、

「いつも、おめぇのことを怒鳴ってばかりいるが、本当はおめぇがいちばん可愛いんだぜ」

と言ってやさしく微笑んで見せ、「まあ、飲めよ」と高級ブランデーをついでやったのである。

S組員はどうしたか。

泣いた。

怒声より灰皿を先に飛ばす厳しい親分が、「本当はおめぇがいちばん可愛い」と言ってくれたのだ。感激の男泣きだった。

「あのとき、この親分に一生ついて行こうって腹をくくったんですよ」

とは後日、S組員が語ってくれた言葉だ。

これがもし、ビジネス指南書の教えるがごとく、組員たちの前で褒めていたらどうであっ

たか。

「Sの野郎はたいしたもんだ」

と褒めることはできても、

「本当はおめぇがいちばん可愛いんだぜ」

とは、みんなの手前、親分は口にすることはできない。人心掌握のせっかくのチャンスでありながら、当の若い衆を心酔させるような〝殺し文句〟が使えないのだ。

しかも、S組員はこれから確実に足を引っ張られる。「よし、俺も！」――と組員たちが発奮すると考えるのは〝机上の理屈〟であって、自分が抜きん出るためには、ライバルの足を引っ張るのが手っ取り早いと考える。この心理を経験則で知るヤクザ社会は、「褒めるときは二人きりのとき」というわけだ。

一方、叱るときは、みんなの前でガツンとやる。

「バッキャロー！　ヘタ打ちゃがって、てめぇ、何年ヤクザやってやがる！」

灰皿を飛ばせば、

（ヤベェ、気をつけなくては）

と一罰百戒になる。

一罰にされた組員が落ち込むようなら、ちょっとした手柄を立てたときに「本当はおめぇがいちばん可愛いんだぜ」とやれば、コロリと参ってしまうのだ。

「カタギは、何か言うと組織論を持ち出すけどさ」

と語るのは、広域組織二次団体にあって「インテリ」として名高い本部長氏である。

「部とか課とかという集合体があって自分があるんじゃやなく、部下という個人があって自分があるんだ。**つまり、いざというときに何人の部下が自分についてきてくれるか**ってこと。これが、その人間の力じゃないかな。カタギのビジネスマンは、そこんところを勘違いしているんじゃないの?」

インテリ本部長の言う「力」が、まさに「人望力」。組員の士気を高めるために、あえてみんなの前で褒める手法もあるが、個人を取り込み、心酔させるには、「褒めるときは二人きり」に限るのだ。

デキない部下、使えない部下はこう褒める

目をかけてくれる上司に、部下はシッポを振る。

これが人情だ。

人格的にイマイチの上司であっても、この人が自分を引き上げてくれる——となれば、シッポも振るだろうし、足にまとわりつきもするだろう。「打算」は「人望」へと昇華していくのだ。

だから人望を得たければ、部下に目をかけてやればいいということになるが、能力に劣る部下だと、あとあと厄介なことになる。

どうするか。

目をかけるフリをする——というのは通用しない。リップサービスして喜ぶのは子供だけで、大人の人間関係においては逆効果。調子のいい上司として敬遠されるだろう。

本気で目をかけるのだ。

ただし、「前提条件」をつける。

たとえば、ある組の本部長が一杯やりながら、こんな言い方をした。

「Aの野郎に身体を張る覚悟があるなら、めんどうをみてやってもいいんだがな」

その場にいない若い衆のことを名指しで言ったのである。数名の幹部が同席していたので、この話はA組員にすぐに伝わるだろう。

A組員はどう思うか。

(俺は本部長に目をかけられている、頑張れば引き上げてもらえる)

と胸を弾ませるに違いない。

この期待感が、本部長への忠誠と人望に昇華していくのだが、本部長は巧妙に〝保険〟をかけている。「本人のいない場面」ということと、「身体を張る覚悟があるなら」という仮定がそれだ。

もし本人に直接言えば、

「わかりました。身体を張りますので何なりと命じてください」

と、迫られることになる。

また、「身体を張る覚悟があるなら」と仮定の言葉をくっつけることによって、「結果を出せなければめんどうはみない。すべては、おまえ次第だ」と自己責任にしているというわけだ。

それでもA組員は小躍りする。本部長が目をかけてくれていると錯覚する。実際、前提条件を抜きにすれば、本部長は本気で目をかけていることになるのだ。だからA組員は感激し、シッポを振り、本部長は人望を得ることになる。

本部長がそこまで計算しているのかどうかはわからないが、その場にいない若い衆を名指しで、同じセリフを口にすることがある。そういう言い方をすれば、責任を負わずして若い衆の心をつかめることを経験則として知っているのだろう。事実、この本部長の人望は、業界でつとに知られるところなのである。

この手法は、ビジネスにおいても使える。

「××君が命がけで仕事に取り組むなら、育ててみたいね」

中堅社員たちと一杯やりながら、その場にいない若手のことをこう言ってホメておけばいいのだ。

「めんどうをみてやってもいい」「育ててみたい」――という〝鼻先のニンジン〟は、永遠に届かぬものであっても、鼻先にニンジンがぶら下がっていることは事実なのだ。だから部下はシッポを振り、必死で駆け、それが人望に化けていくのである。

肩書きが上がったときが人望UPのチャンス

お互いをどう呼ぶか。

ヤクザはここにこだわる。

たとえば初対面で、相手を「○○さん」と、さんづけで呼ぶときは、（私とあなたは対等です）

という無言のメッセージとなる。

掛け合い（談判）なら、

「お宅は――」

といった言い方をするし、相手が格上で、自分がへりくだるときは、「組長」「若頭」「本部長」など肩書きで呼ぶ。

　これは私たちも同じで、総理大臣に初めて会って、

「○○さん」

　と呼ぶ人はいないはずで、

「○○総理」

　と肩書きで呼ぶし、相手がどんなにエライ人でも敵対関係になれば、「あなたの意見は間違っている」——と肩書きも、さんづけも素っ飛ばして代名詞で呼んだりする。ことほどさように相手をどう呼ぶかは、相手に対する自分の立ち位置を表明することでもある。

　だから、メンツにこだわるヤクザは、お互いをどう呼ぶかに神経を尖らせる。自分より格下だと思っている人間に「○○さん」と気安く呼ばれれば、頭にカチン——というわけである。

　余談ながら、取材で会ったウラ社会の方から暑中見舞いをもらったことがあるが、宛名を記した左下に、小さな文字で次のような文面が刷り込まれていた。

《多々昇格の変更が有る為、御賢台様《ごけんだいさま》の肩書き等に誤りが御座いましたら平素よりの御厚誼《こうぎ》に免じましてご容赦下さい》

彼らは、ここまで肩書きにこだわるのだ。

言い換えれば、**肩書きへのこだわりは、これを逆手に取れば人望に大きく影響するということでもある。**

具体例をあげよう。

関東の某組織で、本部長だったQ氏が跡目を継いで組長になった。Q氏を兄貴と呼んで親しくしていたZ組員は、これからは狎《な》れた口はきけなくなる。それがヤクザ社会だ。

「ところがさ」

と、当のZ組員が居酒屋で酎ハイを舐めながら、

「兄貴がさ、〝いままでどおり兄貴と呼んでくれていいんだぜ〟って言ってくれたんだ。さすが器量が違うよな。ホレ直したよ、うん」

感激の面持ちで語ったのだった。

Q組長のことも知っているが、さすが人間心理に長《た》けた苦労人である。現実には、「いままでどおり兄貴と呼んでいい」と言われて鵜呑《うの》みにはせず、「組長」と呼ぶものだ。しかもZ組員は感激と同時に、「オレは別格扱いされている」という自慢から、この話をあちこちで吹聴して歩いた。

聞いた人はどう思ったか。

「Z組員はたいしたものだ」

と感心したわけではない。

「Q組長は太っ腹」「Q組長は情がある」——とQ組長に敬服し、これが人望につながっていったのである。

これがもし、Q組長がZ組員にこう言っていたらどうか。

「おい、もう兄貴なんて呼ぶんじゃねぇぜ」

当然のことであっても、Z組員はおもしろくない。気持ちが離れ、Q組長の陰口を叩いたことだろう。こうした陰口が評判となり、人望の足を引っ張るのである。

会社でも同じだ。同期のなかで出世頭になったら、こう言うのだ。

「いままでどおり、〝おい、おまえ〟でいいよ」

こう言われて、「おまえ」と呼ぶ同期はいない。その同期への嫉妬はもちろんあっても、

「課長と二人のときは、〝おい、おまえ〟で呼んでいるんだ」

と余所《よそ》では自慢するだろう。

株が上がるのは、そう呼んでいる当人ではなく、呼ばせている相手なのだ。

人望は、得るも失うも、自分の地位が上がったときがターニングポイントなのである。

親への気づかいについホロリ

ヤクザを息子に持つ父親が、仮釈放のことで相談にやって来た。

息子のA組員は二十六歳。「傷害事件で二年六カ月の懲役刑に服しているが、仮釈放をもらうには組を抜けなければならないのか」――というのが相談の内容だった。私が保護司をしていることから、知人の紹介で拙宅を訪ねてきたのだ。

「ヤクザをやめなければ仮釈は無理ですね」

と答え、仮釈放をもらうためには組織の〝離脱証明〟が必要であることを話した。

服役者が組を抜ける場合、まず「組織離脱支援願い」といった文書を刑務所長宛てに提出するなど、ヤクザをやめるという意志を明確にする。それを受けて、当局が所属する組の責任者から「組をやめることを認める」「除籍とする」といった一札を取る。書式はなく、便箋などにその旨を書いて署名捺印したもので、これが〝離脱証明〟となる。組をやめたからといって仮釈放が必ずもらえるというわけではないが、〝現役〟のままでは、まず不可能である。

そんな説明をすると、

「そうですか……」

と、父親は顔を曇らせた。

無理もあるまい。一度、組に入ったら、そう簡単に抜けさせてくれないという思いがあるのだろう。離脱を認めたとしても、オトシマエと称して、あとで報復されるのではないかという危惧は当然だ。

「大丈夫ですよ」

と、私は父親に言った。

「いまヤクザ社会は当局の締めつけが厳しいですからね。やめたいという組員を無理に引き留めたりしないものです。ヘタなことをすれば、脅迫・強要で親分まで累《るい》が及ぶこともありますから」

「そうですか、安心しました」

と喜んでくれたわけではない。

「組をやめさせたくないんです」

耳を疑う返事だったのである。

よくよく話を聞いてみると、組を抜けないでいて仮釈放がもらえないものか——というのが相談の真意だった。だから離脱証明が必要と聞いてガッカリし、顔を曇らせたというわけである。私は保護司を拝命して十二年になるが、「組をやめさせたくない」という親は初めてのことだった。

「どうして？」

「親分さんには情《じょう》があって、親身になって息子の面倒をみてくれているからです」

と真顔で答え、こんなエピソードを話してくれた。

準構《じゅんこう》（準構成員）という〝試用期間〟をへて盃を下ろされるとき、この親分はわざわざA組員の実家に足を運び、

「息子さんをウチで預からせてください」

と丁重に挨拶したという。

「初対面でしたが、親分さんの態度を見て、実は安心したんですよ。ウチの息子は札付きの

不良ですからね。放っておいたら、ろくなことをしない。それだったら、この親分さんのところで面倒をみてもらったほうがいいと思ったんですよ」

さらに親分は、その後も**ことあるごとに実家におもむき、「A君は頑張ってますよ」「いい若い衆に育っていますよ」「将来が楽しみです」――と近況を告げたり、食事に招待してくれたりする**という。

小さな組織だからそれができると言ってしまえばそれまでだが、なぜこの親分は、そこまで親に気づかいを見せるのか。

ヒントは、父親の次の言葉にある。

「息子がたまに帰ってきたときに、親分さんが私たちに気をつかってくれていることを話したら喜んでね。いい親分だって、大感激してますよ」

私はこの親分を知らない。だから、気づかいが本心か、計算によるものかは判断できない。だが若手ヤクザの多くが、組を抜けるよう親や家族に足を引っ張られている現実を考えれば、この親分の〝家庭訪問〟は大きな効果をあげていることになる。しかも、若い組員は感激し、それが親分の人望になっていく。親分の意図がどうあれ、功を奏していることは、まぎれもない事実なのだ。見習わない手はあるまい。

借金を申し込まれたときの人心掌握術

借金を申し込まれるのは、イヤなものだ。

（返ってこないかもしれない）

と危惧するからだ。

これがもし返済が保証され、利子がたんまりつくとなると喜んで貸すだろう。当たり前のことだが、お金が無いから借りに来るのであって、期日に返済できるかどうかはあやしいのだ。

しかも、断るのにウソのひとつもつかなければならない。その気まずさが余計、腹立たしくなってくる。「借金は友を失う」という先人の教えは、このことを言うのだ。

だが、借りる側も同様にイヤなものだ。物乞いのごとく頭を下げ、相手の慈悲にすがらなければならない。どうしてもお金が必要で、世知辛《せちがら》い世間——すなわち、地獄で仏を探すのが借金なのである。

この心理を知れば、**借金の申し出を頭から拒絶するのは相手に恨みを残す**ことになる。勝手に申し込んできた借金だから、断っても構わない——というのは頭で考える理屈であって、感情はそうではない。頭を下げ、それで断られたならば誰だって不愉快になるだろう。

目端《めはし》のきく兄貴分は、若い者から借金を申し込まれたら、人心掌握の好機と見る。

「兄貴、三十万ほど貸して欲しいんですが」

「何につかうんだ」

と訊くわけではない。

貸すなら、黙って気持ちよく出す。それも若い者が口にした金額ポッキリではなく、「ほら、五十だ」

色をつけてポーンと渡してやるのだ。

借金を申し込む場合、ギリギリの額を口にするものだ。借りたい金額より、貸してくれそうな金額——というわけで、本当は五十万円借りられれば助かるのだが、無理を言って断られたら元も子もないため、三十万円と少なめに言うのが人間心理。

そこを見越して「何に使うのか知らねぇが、三十じゃ苦しいだろう」と言って五十万円を

差し出されれば、

「ありがとうございます！」

　地獄で、お釈迦さんにひょっこり出会ったような気分になる。

「月末にはきっちり返済《ツメ》ますんで」

「わかった」

　と応じたのでは、相手の喜びも半減。

「無理しなくていい。ゼニができたときに返してくれればいい」

　これがトドメ。

「兄貴！」

　と映画なら感涙の場面になるのだ。

「だけどさ」

　と苦笑するのは兄貴分のひとり。

「オレたちだって、金にゃ年中ピーピーしてるよ。いくら稼ごうが、入った以上に出ていくのがこの世界。だけど、若い者に頼られて渋い顔したんじゃ、誰もついちゃ来ないさ」

　借金の申し出額にいくら色をつけるか。これを「器量」というのだ。**「感激」は「器量」**

に比例し、「人望」は「感激」に比例するのである。

「先輩、月末がちょっと厳しいんで三万円ほど貸していただけませんか?」

「それがオレも今月は苦しくてさ」

と弁解するようでは、後輩の人望を得ることはできない。

「わかった」

と三万円を渡したのでは、後輩も嬉しさ半減で〃死に金〃になる。

「そうか、大変だな。これ、持っていけ」

色をつけて五万円を渡す。

「ありがとうございます! 給料が出たらお返しします」

「無理しなくていいぞ」

と鷹揚に笑ってこそ、後輩の心をわしづかみにする。

それに「無理しなくていいぞ」と言われて、「はいそうですか」とシカトする人間など、ひとりもいないのだ。

孤立した部下を活かす裏技

「将棋も仕事も〝捨て駒〟を持たなきゃ勝てまへんで」

と言ったのは、関西系極道の幹部氏だ。

「なんぼ角と飛車が力があるゆうても、角と飛車だけじゃ勝てへんやろ。〝歩のない将棋は負け将棋〟ゆうて、歩《ひよこ》が大事なんや」

早口でまくし立て、ひとりでうなずいている。詭弁勝負の世界だけに、理屈を言わせたらヤクザの右に出る者はそうはいないだろう。余談ながら、ヤミ金業者が追い込むときはこんな〝正論〟で攻めていく。

「借りたら返す。これ、当たり前のこっちゃ。借りて返さへんことを世間じゃドロボー言うんや。おのれ、ドロボーか！」

違法金利は棚に上げて、うまいことを言うものだと感心したことがある。

さて、〝捨て駒〟とは何か。

「鉄砲玉や」

幹部氏は即座に言った。

鉄砲玉とは、他組織の縄張《シマ》に放たれる組員のことで、地元組織とわざとトラブルを起こし、攻め込む口実をつくるのが役目。鉄砲の弾はズドンと発射されたら行きっ放しで、決してもどって来ることはない。口実としては殺されてくれるのが一番であることから鉄砲玉――すなわち、行ったきり帰ってこないという意味でそう呼ぶ。もっとも、現代ヤクザ気質と、当局の締め付けが厳しいことから、鉄砲玉を飛ばすご時世ではなくなってきたが、それでも〝捨て駒〟は何かと必要というわけだ。

「若頭《カシラ》、××市に産廃施設ができる言《ゆ》う話ですわ」

「ならウチの支部出して、一枚噛んだらええやないか」

「せやけど、××市は凸凹会がおりまんがな」

「凸凹会がなんぼのもんじゃ。鉄砲玉飛ばしたらんかい！」

こんな調子で組員を××市に飛ばし、凸凹会とモメさせ、それを口実に本隊が乗り込んで行く。凸凹会を呑み込むか、有利な条件で手打ちにするかは、それぞれ組織の器量というわけだ。

ならば、どうやって〝捨て駒〟をつくるか。

「お宅がさっきから言うとる〝人望〟や」

幹部氏がニヤリと笑って、人間心理について、こんな解説をする。

「できの悪い子ほど可愛い——言《ゆ》うのは家庭での話や。わしらの世界やったら灰皿で頭カチ割られるだけやろ。会社かて、できの悪い部下に目を細める上司はおらへん。ちゅうことは、**みんなに相手にされんようになった人間は行き場がないっちゅうことや。こいつらを抱いてやったらええ**」

ヘタ打った若い衆や、落ち目の組員にやさしく声をかけ、たまに一杯飲ませたり、相談に乗ってやったりすることで取り込むというのだ。組織のなかで敬遠されたり相手にされない人間は、これで気持ちがグラリ。恩義に感じることになる。そのうえで「頼みごとがあるんやけどな」ともちかければ、無理な頼みごとでも断れなくなるのだと幹部氏は言う。

「ただしや」

と幹部氏が続ける。

「恩きせがましい言い方はあかん。**無理なことを頼んだら、すかさず〝イヤならええけど〟**

とつけ加えるこっちゃ。判断するのは、あんたやで——と相手に振るのがミソで、〝面倒みたやないか、やらんかい〟と強制したら、誰かて反発するもんや」

この〝捨て駒〟は、会社で言えばドロをかぶってくれる部下や先輩、あるいは面倒な仕事を引き受けてくれる人間ということになろうか。

「どうした。このごろ元気ないじゃないか」

「ボク、みんなに嫌われているんです」

「なに言ってるんだ。どうだ、今夜、一杯つきあえよ」

人間関係で孤立している部下や後輩は、とりあえず〝捨て駒〟としてがっちりキープしておいて、

「ちょっと困ったことがあってさ」

ともちかけ、ビンボーくじを引かせることもできる。〝捨て駒〟の使い道はいろいろで、ヤクザならずとも、「人望」は残酷な一面を持っているのだ。

「ホメる」効果を倍加させる人間関係術

本書で繰り返し述べてきたが、褒め言葉を口にせずして、人望は得られない。

人心掌握の鉄則である。

「さすがだね」

「キミは頑張り屋だな」

「私はいい部下を持ったよ」

歯が浮くような褒め言葉であっても、部下はうれしいものだ。上司に対する日ごろの鬱憤《うっぷん》も吹き飛んでしまうことだろう。だが喜びは束の間であって、冷静になるにつれて「待てよ」——という懐疑が部下の心に芽生えてくることを知る上司は少ない。

（なぜ、上司は私を褒めたのか？）

（何か魂胆《こんたん》があるのではないか？）

（ひょっとして、無理難題を持ちかけてくるのではないか？）

裏読みをし、真意を探ろうとする。

これが「喜びの揺りもどし」なのだ。ホメられて有頂天になるのは子供だけで、利害が複雑に絡み合う大人社会にあって、面と向かって口にした褒め言葉を額面どおりに受け取る人間がいるとすれば、それはただのノーテンキにすぎまい。

ところが、同じ褒め言葉でも、第三者の口を介して耳にしたらどうか。我が身に置き換えてみればわかるように、これは素直にうれしいものだ。したがって「喜びの揺りもどし」もなく、裏読みすることもない。私はこれまで、人間関係術をテーマとする一連の著作において、

「褒め言葉は第三者を介して伝えよ」

と書いてきたが、実は、このノウハウこそ「ヤクザ式」なのである。

指定暴力団三次団体のM組長は気難し屋で、短気で、およそ人望にはそぐわない性分なのだが、若い衆から人気がある。それをずっと不思議に思っていたが、あるときふと気がついた。本部長が、若い衆にこう言ったのだ。

「おめぇのこと、みどころがあるって、オヤジが言っていたぜ」

このひと言に若い衆はパッと顔を輝かせたのである。M組長が、当人たちがいない席で若い衆をよく褒めていることにこのとき思い当たり、人望の〝源泉〟がわかったような気がしたのだった。

では、なぜ第三者の口を介すと、「喜びの揺りもどし」がこないのか。

それは、**褒め言葉そのものよりも、「自分のいない席で、自分のことが話題に出た」という事実がうれしい**からだ。考えてみていただきたい。「みどころがあるって、オヤジが言っていたぜ」と、褒め言葉にすればわずか一語だが、おそらくこの席で、自分についていろんな話題が出ただろうと推測する。組長が褒めてくれているのだから、批判はなかったはずだ。

(ひょっとして、組長付にしてくれるのかな)

(いや、とりあえず本部長付かな)

(何にしても、オレ、組長に目をかけられているみたい)

あれこれ想像し、自分の都合のいいように想像の翼を広げていくというわけだ。

ついでながら、批判も同様で、

「おめぇのこと、だらしないって、オヤジが言っていたぜ」

と言われれば、自分に関していろんな批判が出ただろうと想像する。想像は、悪いほうへ

悪いほうへと広がっていき、ゴクリと生唾を呑みこむことになる。これが、第三者を介することの威力なのだ。

若い衆は、親分から面と向かって褒められたら緊張する。ヤバイ仕事を命じられるかもしれないと思うからだ。だが、褒め言葉を口にせずして若い衆の心をつかむことはできない。だから第三者の口を借り、若い衆を舞い上がらせるというわけだ。

実戦心理術のプロであるヤクザが編み出した人望力である。

〝昔の苦労話〟を人望力に転化させる

貧しかったころの苦労話は、聞く人の胸を打つ。

「いまも苦しいで」——となれば、無心されたら大変と敬遠されるだろうが、功なり名を遂げた人であればその心配がないから、聞き手は安心して胸を熱くすることができる。言い換えれば、人望は、苦労話が効果的ということになる。

この心理を知ってか知らずか、ヤクザも親分クラスになると、駆け出し当時の苦労話をよく口にする。

たとえば正月、ある親分宅で雑煮をご馳走になったときのことだ。親分が餅を箸でつまみ上げながら、傍《かたわ》らの幹部に、

「金がなくて、餅を半分にして食った正月があったな」

と感慨深げに言った。

「よくおぼえていますよ。どん底の時代でしたね」

「それが、いまじゃ、これだけの所帯を構えるまでに出世したんだからな」

とは言わなかったが、ふたりのやりとりを聞いていた部屋住みの若い衆たちは、そう思ったことだろう。大きくうなずきながら、感激の面持ちで耳をかたむけていた。

あるいは、中堅組織の某組長はグルメとして有名で、和洋中と連日の贅沢三昧だが、食事のシメに必ず生卵とライスを持ってこさせる。自分で卵を割って醤油を垂らし、箸でリズミカルに混ぜ合わせると、茶碗のご飯にかけて食べるのだ。

「卵かけご飯がさ、ガキのころ、いちばんのご馳走だったんだ。ウチ、貧しかったからね。どんな料理より、これがうまいんだ」

組長の幼年時代に思いを馳せると、胸がジーンとしてくるのである。

そういえば、ある関西の組長は〝葬式饅頭《まんじゆう》〟が大好物だと、一杯やりながらテレ臭そうに語ったことがある。

「親父が病弱やったから、赤貧洗うがごとき生活やね。昔のことやし、甘いものなんか、めったに食べられへん。ところが、誰ぞの葬式があったんやろうね。仏壇に葬式饅頭が飾ってあった。それが食べとうて食べとうて、はよう〝お下がり〟にしてくれへんかと、生ツバ呑んだもんや」

葬式饅頭のおいしかったこと。それから大好物になったのだと冗談めかして言ったが、とても笑える話ではなく、むしろこの組長に親近感をおぼえたものだった。

親分に限らず、人望家として知られるヤクザの多くは、貧しかったころのことを隠さない。意地悪く言えば、苦労話を人望を得る手段としてうまく利用しているように思える。そして――ここが肝心なところだが――**彼らは自分たちの苦労を引き合いに出すことで、「いまの若い者は」と聞き手を絶対に批判しない**のだ。批判すれば反発心を起こさせ、苦労話の感動を削《そ》いでしまう。実戦心理術に通暁する彼らは、ちゃんとそのことを心得ているということなのである。

人望ということから言えば、貧しかった時代の話は隠すのではなく、積極的に利用することだ。貧しくなかったのならば、誇張したってかまわない。

「家が貧しくてね。一匹の魚を兄弟で切り分けて食べるんだ。だから尾頭《おかしら》のついた魚を見ると、いまでもすごく贅沢をしているような気分になるんだ」

居酒屋で、部下にしみじみこんな話をしてみるがいい。部下があなたに寄せる気持ちは確実に変わってくるはずである。

叱って人望を得るただ一つの方法

叱責してなお、人望を得ることはできるか？

できない、が現実だ。

私は空手道場の館長として指導するほか、保護司として非行少年や仮出獄者の更生にも当たっているが、その経験からも、叱責がそのまま人望につながることはないと思っている。

歳月がすぎたのち、「あのときの一喝はありがたかった」——と当時を振り返ることはあるかもしれないが、叱責されたときに感謝する人間は、まずいないものだ。

なぜなら、自分に非があるとわかってはいても、それを咎《とが》められるとムッとする。盗人にさえ三分《ぶ》の理があるように、誰でも〝言い分〟がある。

「確かに失敗はしましたが、でも——」

と〝三分の正当性〟を主張し、

（そこまで怒らなくてもいいじゃないか）

と、上司に不満をいだく。

だから叱責は人望にはつながらないというわけだ。

「こんなに親身になって私を叱ってくれたのはあなたが初めてです！」

と涙を浮かべる感激シーンは、ドラマの世界だけのことなのである。

だが、部下を持つ立場の人間としては、叱責を避けては通れない。意にしたがうよう教育していかなければ、組織として機能しない。同時に、そのための手段として人望も欲しい。

——叱責と人望。

この二律背反に、どう折り合いをつけるか。

私が感心したのは、関東で売り出し中のO組長だ。若手で、組としてはまだ小さな所帯だが、しつけが行き届き、組員の態度がキビキビして実に気持ちがいい。頭の下げ方ひとつとっても「しつけられているな」と感心する。こうした組はめずらしくないが、たいてい怒声と鉄拳で仕込むもので、組員は上の人間を恐れ、人望とはほど遠い関係にある。

だが、O組長は違う。組員を怒鳴りつけない。殴りもしない。他組織の若い衆を引き合いに出して、批判するのだ。

たとえば、こんな言い方をする。

「××一家の若いもんは、だらしがねぇな。組長《オヤジ》が事務所へ入っていっても、ノロノロと立ちあがってよ。直立不動とまでは言わねぇが、もうちょっと態度にメリハリがあってもいいんじゃやねぇか」

これを聞いた組員たちは以後、O組長が事務所に入ってきたら直立不動で迎えることになる。

他組織の人間を批判するということは、

「そうであってはならない」

という叱責であると同時に、

「ウチはそうじゃない」

という言外の褒め言葉になっている。

だから組員たちは悪い気はしない。O組長に信頼を寄せる。しかも、こういう言い方をされれば、実際はだらしない態度であっても、自然と礼儀正しくなっていくというわけである。

本当に××一家でそういうことがあったのかどうかはともかく、あえて他組織の人間を批判してみせることで礼儀を教えこみ、人望をも得ていることになる。

「A社の営業マンはだらしないね。挨拶ひとつできないんだから」

たとえば上司がこんなセリフを口にすれば、

「それに引き替え、わが社の営業マンは素晴らしいね」

と、部下に対する〝言外の賞賛〟となって喜ばせると同時に、それを聞いた部下は以後、態度や挨拶の仕方に気を配るようになることだろう。

「叱責」と「人望」は、こうして折り合いをつけるのだ。

「彼、いいねえ」と思わせる口コミ演出術

ヤクザに「いい人」はいない。

人格の問題ではなく、これは存在理由に根ざす。ヤクザが他の人間を食うことで生きていく〝肉食獣〟である以上、「いい人」であっては務まらないからだ。草食のシマウマは、逆立ちしてもライオンにはなれない。

ところが、それでいて評判のいいヤクザは少なくない。「いい親分さんだ」「ヤクザも大物になると腰が低いんだねぇ」「カタギには絶対に手を出さないんだってさ」――等々、「いい人」と呼ばれている。エサになるはずのシマウマがライオンを褒めているようなものだが、これぞまさしく「いい人」の演出にほかならない。

では、なぜ「いい人」を演出するかと言えば、ヤクザビジネスは〝受注産業〟であるからだ。インネンをつけて金品《きんぴん》を巻き上げるのはチンピラのやることで、まっとうなヤクザは債

権取り立てや〝ケツ持ち（用心棒）〟、地上げなど、クライアントから持ち込まれた各種トラブルを解決することで収入を得る。だから受注産業であり、クライアントが依頼するのは、解決能力が高いと同時に親分が評判——すなわち「いい親分さん」の組織ということになる。いくら解決能力が高くても、相手は肉食獣。ヘタすりゃ、自分も食われる危険があるからだ。

ここに、口コミという演出術が介在する。

たとえば、こんな例がある。

K組の若い衆が、縄張《シマ》内の商店街に路上駐車し、周囲に迷惑をかけていた。そこへたまたま幹部を引きつれた親分が通りかかり、

「バカ野郎！　あれほどカタギ衆に迷惑をかけるなと言ってんだろ！」

親分の一喝で、ノンキに煙草を吹かしていた若い衆は幹部たちに車外に引きずり出され、ボコボコにされたのである。

これを遠巻きに見ていた商店街の旦那衆はどう思ったか。

「たいした親分さんだ」

と親分の株は一気にあがり、

「この親分さんなら、話がわかるのではないか」

という期待感までいだくことになる。

親分が本気で怒ったのか、それともパフォーマンスであったかはわからないが、受注産業のヤクザにとって旦那衆は大事な〝お客さん〟だ。暴力団排除条例で、一般市民もヤクザに依頼ごとをすれば利益供与で引っ張られる時代になったが、それでヤクザがいなくなったわけではないし、法律で解決できないトラブルがなくなったわけでもない。シノギはやりにくくはなったろうが、「評判の親分さん」はこれまでどおりカタギから受注しつつ、組織を維持しているのが現実だ。

ビジネスマンも同じだ。私が知る若者は東日本大震災の直後、ボランティアで被災地に入り、帰京してから現地の様子を熱っぽく語り、いまも語り続けている。

「彼、意外に正義感が強いんだね」

という評判は、まさにこの賜《たまもの》と言っていいだろう。

あるいは営業会議で上司の意見に異論を唱え、激しい論戦を挑んだ新人は社内で評判になり、

「骨のあるヤツ」

だと一目置かれるようになった。

評判というやつは火事と一緒で、いったん燃えはじめたら、あとは勝手に燃え盛っていく。要は、最初の火をどうつけるか。マッチ一本が火事の元であるなら、評判もまた、演出というマッチ一本で火がつく。

「彼、いいねぇ」

という評判が立てば、仕事も人間関係もトントン拍子。〝人気商売〟はヤクザに限らないのだ。

周囲がモミ手ですり寄る「ヤクザ流」禁じ手

「一罰百戒」という言葉がある。

前でも触れたが、ひとりの罪や過失を罰することで、他の多くの人々が同じような過失や罪を犯さないよう戒めとすること――の意味だが、実はこれ、人望力にも応用できるのだ。

ちょっといやらしい手法かもしれないが、効果はバツグンであり、人間心理を知る上でも参考になるので紹介しておきたい。

某組織に、親分からいつも怒鳴り散らされている中年組員がいる。挨拶の声が小さいと言って灰皿を飛ばされたり、

「なんだ、その目つきは！　オレの言うことが気にいらねぇのか！」

テーブルの栄養ドリンクを投げつけられたり……。

イジメである。

それでも組にしがみついているのは、足を洗ったのではメシが食えないからだ。いまでも生活は苦しいが、組の看板があれば何とかシノギになっているのだろう。

親分にどやされるたびに、

「また、Ｓの野郎か」

と組員たちから冷笑されているが、私の見るところ、彼が飛び抜けてデキが悪いというわけではない。ヤクザ組織というのは、ひと握りの優秀な組員を除いて、あとは似たり寄ったり。一般社会から落ちこぼれた人間が多いのだから、それも当然だろう。「バカでなれず、利口でなれず、中途半端じゃ、なおなれず」と言われる社会だけに、優秀な人材は、そうはいない。

では、なぜS組員だけが親分から目のカタキにされるのか。

若手組員の次のひと言で合点がいった。

「親分に嫌われたらSさんみたいになるから、ヤバいっスよ」

言われてみれば、組員たちはみな、嫌われまいとして親分のご機嫌を取っている。むろん、どこの組織でも親分のご機嫌を取るものだが、ここの組員はモミ手ですり寄る——といった感じなのだ。

親分が事務所に顔を出せば、若い衆が最敬礼で、

「エアコン、二十三度に設定しましたが、よろしいっスか」

と〝モミ手〟すれば、幹部は幹部で、

「きのう××町のクラブに飲みに行ったんですが、親分のことが大評判で、自分も鼻が高かったですよ」

と、スリスリする。

「そうか。ま、カタギ衆あってのヤクザだぜ。楽じゃねぇが、これも任侠のうちだ、ガハハハ」

と、のどチンコが見えるほどに呵々《かか》大笑《たいしょう》してから、一転、

「こらッ、S！　テレビの前に突っ立って、どかねぇか！」

目を剥いて怒鳴るのである。

この親分がどこまで計算しているのか知らないが、これはスケープゴートを利用した「人望力」なのだ。若い組員たちは、イジメられる側になるのはいやだという無意識の恐怖感から、親分にすり寄って行く。つまり、**親分は、スケープゴートを利用してグループの結束を図り、モミ手させていく**というわけだ。

そして、人間心理はまことに不思議なもので、モミ手しているうちに、それが尊敬へとすり替わっていく。いや、尊敬しているような錯覚に陥る。そうしなければ、モミ手に自己嫌悪をおぼえ、精神的に自分を苦しめることになるからである。

ある意味、この手法は人間として〝禁じ手〟ではあるが、これもまた「人望力」の一面の事実なのである。

ちなみに、スケープゴートの対象は、若者と年配との中間層の人間がいい。下の者から見れば「ああはなりたくない」であり、上の者からすれば「ああはならなくてよかった」と、上と下の両方にとって見せしめにすることができるのだ。

第四章

部下の人望術

上司をヨイショするなら「客の前で」

部下の人望力とは「上司を喜ばせる技術」のことだ。

喜ばせる——と言っても、宴会芸のことではない。

「おっ、彼、なかなかいいねぇ」という人物評価である。「喜ばせる技術」に欠ける部下は、いくら仕事ができても、「よくやっているけど、ちょっとなァ」と敬遠されたりする。能力主義といいながらも、日本企業の多くはまだまだ人間関係がモノをいい、上司に可愛がられる者が出世していくのだ。

では、どうすれば上司を喜ばせることができるか。

関東某組の若手であるK君と、カラオケスナックで一杯やっていたときのことだ。

「あら、親分さん、いらっしゃい！」

ママの弾んだ声で、K君が弾かれたように立ち上がるや、

「お疲れさまです！」

最敬礼したところが、

「おいおい、バカでかい声を出すんじゃないよ。お客さんがたに迷惑だろう」

と言ってから、親分は連れだって入ってきたカタギの社長を振り返って、

「客に迷惑をかけるなって、いつも言ってるんですがねぇ。困ったもんです」

「なにをおっしゃいます。親分さんを尊敬してるから、若い衆も自然に頭が下がるんじゃないですか」

「いやいや、あたしなんか、できそこないの親分ですよ、アッハハハ」

上機嫌で奥のボックス席に陣取ったのである。

親分が上機嫌なのは、K君が立ち上がって挨拶をしたことにあるのではない。口とは裏腹に、「これこのとおり、ウチの若い衆は私を見ればこんな挨拶をするんですよ」——と社長に自慢できたことが嬉しいのだ。

こんな例もある。1984年、山口組が四代目組長をめぐって分裂し、一和《いちわ》会が結成されたときのことだ。双方合わせて死者二十九人という激しい抗争事件を起こすのだが、この緊迫した状況のなかで、当時、週刊誌記者だった私は、機動隊が盾を持って警戒する物々しい

雰囲気の一和会幹部宅に取材で訪れた。

応接室に通され、インタビューを始めると、若い衆がスーッと親分の背後——窓辺に立ったのである。

「何しとんのや」

親分が振り向いて若い衆に問うと、

「ハッ、ライフルで狙われたら危険だと思って……」

「なんや、ボディーガードかいな」

顔をしかめ、私に向き直ると、

「身体張って、わしを守っとるつもりでおるんやからね、しょうもないやっちゃ。目障りやから、そこをどかんかい」

叱責の声は、どこか弾んで聞こえ、

(ハハーン、こんな子分を持っているのだと、親分は私に自慢しているんだな)

と思ったものである。このとき私は、「上司を喜ばせる技術」の極意とは、自慢ネタの提供であることを判然と悟ったことを、いまも鮮明に覚えている。

先のK君もそうなのだ。もし親分がひとりで入ってきたのであれば、彼は最敬礼はしても、あんな大きな声は出さなかったろう。「おいおい、バカでかい声を出すんじゃないよ」と、親分が客人にカッコつけるセリフ——すなわち自慢ネタを披露できるように、あえて大声を出したのだろうと私はニランでいる。実際、「Kは気のきく野郎だ」という親分のホメ言葉を私は聞いたことがあるのだ。

私の知る限り、ビジネスマンでこのことに気がつく人は少ない。ゴマをするのは一対一のときで、上司が客と一緒のときは遠慮している。逆なのだ。**客と一緒にいるときこそ、上司が自慢ネタにできるようなパフォーマンスをするべき**なのだ。

たとえば、上司が客とタクシーをつかまえようとしていたならば、

「部長！　タクシーですか？」

と言って駆け寄り、通りに飛び出して行けばいいのだ。

「あの男、おっちょこちょいでしてねぇ」

「なにをおっしゃいます。上司思いの部下じゃないですか。あなたの人徳でしょう」

「ならいいんですがねぇ」

こんな会話がかわされ、上司に笑みがもれるのだ。

〝人脈のダボハゼ〟は一生雑魚

ビジネスは人脈勝負だ。

正面切って依頼すれば門前払いの案件も、

「キミの頼みじゃ断れないな」

ということも少なくない。

だから、ビジネスマンの多くは人脈を築こうと鵜《う》の目鷹《たか》の目。

「凸凹社の会長を紹介しましょうか?」

と言われれば、

「ぜひ!」

パクリと〝人脈のダボハゼ〟になってしまう。

だから雑魚《ザコ》で終わってしまうのだ。

ヤクザで、志のある人間はそんなことは絶対にしない。

一例としてこんな話がある。

居酒屋で、若手のK組員と私、そしてヤクザ業界を専門に取材する旧知のライターとともに一杯やっていたときのことだ。

「Xさんをご紹介しましょうか？」

とライターが好意でK組員に言った。

X氏は資産家で、地上げ資金を提供するなどウラ社会のダンベエ（金主《きんしゅ》）として知られた人物。知り合って損はない。いや、K組員にしてみれば、ぜひとも人脈に連なりたいところだろう。

ところが、

「そのうちにな」

気のない返事をしたのである。

「なぜ断ったんだい？」

ライターが帰ったあとで私が訊ねると、

「あいつの紹介じゃ、俺が安くなっちまうから」

K組員は小さく笑って、

「会社員だってそうでしょう。エライさんの紹介となりゃ、そいつがデキの悪い若造でも粗末にゃできない。だけど、下っ端が連れてきた野郎だったら気なんかつかわないもの」

誰が紹介したかによって自分の値打ちが決まる、というわけだ。この資産家といずれ知り合う機会があるだろう。そのときは大事にされる立場、少なくとも一目置かれる立場でありたい——という心意気に私は感心しつつ、安藤昇氏が語った言葉を思い浮かべていた。

周知のように安藤氏は東《あずま》興業（通称、安藤組）を率いて波乱の昭和を駆け抜け、組を解散した後は、映画俳優に転じて一時代を画した人物だ。昭和三十三年六月、〝横井英樹襲撃事件〟で世間を震撼させるのだが、全国指名手配のさなか、安藤氏は五島慶太を脅迫する。五島慶太といえば東急コンツェルンの総帥にして財界の大立者。その五島慶太に対して、命と引き換えに、当時の金で一億円を要求するのだが、こんな意外なことを安藤氏は口にした。

「俺は五島慶太のことが好きだったんだ。さっぱりしていて豪快な人間だから。当時、五島慶太を紹介してくれる人間は何人もいたけど、紹介されて会ったんじゃ意味がない。相手は財界の大立者で、こっちは若いヤクザだ。となれば、俺のほうが〝よろしく〟と頭をさげなくちゃならないから、爺さんの風下に立ってしまう。そうじゃなく、何かやって（嚙みついて）引っかかりをつければ対等だもの」

　このあたりのいきさつについては、私が構成させていただいた安藤昇著『安藤昇の戦後ヤクザ史 昭和風雲録』（ベストブック）にくわしいが、人ひとり知り合うにも、ここまで神経を配ることに驚いたものだった。

「紹介しましょうか？」

「ぜひ！」

　という〝人脈のダボハゼ〟をやっている限り、雑魚で終わってしまう。「人と知り合う」ということにやり直しはきかないのだ。

ひたむきな「若い衆」が信頼される

「男は出世魚《しゅっせうお》でなくちゃだめだ。メダカになるなよ」

　すでに故人になった関東ヤクザの長老が、生前、口グセのように若い衆に言って聞かせていた。

出世魚とは、成長に応じて異なる名前で呼ばれる魚のことで、たとえばブリはワカシ→イナダ→ワラサ→ブリと成長していく。あるいはクロダイはチンチン→カイズ→クロダイとなる。スズキやボラも名前が変わっていく。

ところが**メダカは、どんなに成長してもメダカのまま。**

「だから男はメダカになったら駄目なんだ」

と、この長老は諭すわけだ。

ちなみに、昔の武将は成長するにつれて名前を変えた。たとえば、かの豊臣秀吉は幼名が日吉丸。足軽になって名字がついて木下藤吉郎、ひとかどの武将に出世して羽柴秀吉、そして天下を狙うころには豊臣秀吉という立派な名前になっている。

「エッ？　あの日吉丸が」

と、幼少期しか知らない人は、その大変身ぶりにさぞや驚いたことだろう。

これをサラリーマンに置き換えれば、ヒラからスタートして主任→係長→課長……とステップアップしていき、最後は社長——ということになるだろう。

ならば、どうすれば男は出世魚になれるか。

長老の生前、麻雀卓を囲みながら問うと、

「努力――」

と短く答えた。

「月並みですね」

私が茶々を入れると、

「月並みだけど、実行するのは至難のワザだ」

と言って、一例としてこんな話をしてくれた。

修業時代のこと。

「おう、××に電話しろ」

親分に命じられ、若い衆が急いでアドレス帳を繰る。携帯電話がなかった時代だ。頻繁にかける相手以外は、手書きのアドレス帳を見なければならない。

ところが、せっかちな親分は、

「まだか」

とイラつく。

「い、いま……」

「もういい、バカヤロー！」

怒鳴りつけられることになる。

それを見ていて、駆け出し当時の長老は、

（よし！）

と一念発起。**組と関係する電話番号を片っ端から暗記**し始めたのである。

ヒマさえあれば、アドレス帳をポケットから出してブックサ口に出しておぼえる。酔ってアパートに帰っても、寝入るまで布団でアドレス帳を眺めたという。夢にまで電話番号が出てきたというが、こうした努力で百件の電話番号をおぼえたのである。

「おう、○○に電話しろ」

親分が言えば、電話帳を見ないで即座にダイヤルを回す。

「おめえ、電話番号を覚えているのか？」

これには親分が驚き、感心したという。

「自分で言うのもなんだけど、こいつ、使えると親分は思ってくれたんだな。目をかけてもらえるようになったんだ」

と懐古しながら、

「人間、努力が何より大事。このことはヤクザもカタギも同じさ。ところが、誰もが楽をしたがるんだな。要領よく立ちまわろうとする。メダカを見てみろよ。右に左にチョロチョロと器用に動きまわってばかりいる。だから、いつまでもメダカのままなのさ」

愚直な努力を続けていれば、必ず上の人間の目に留まる。自分は出世魚になるのか、メダカで終わるのか。我が身に問いかけてみろと、長老は言うのだ。

見えない努力「アヒルの水かき」のススメ

若い衆の態度を見て、

（おや？）

と思ったことがある。

都内下町のホテルで、格闘技団体を主宰するS氏と、そのタニマチである企業舎弟のX社長をまじえ、大会パンフレットの製作について打ち合わせをしていたときのことだ。

話が一段落したところで、X社長が腰を上げて首をめぐらせた。

「トイレですか?」

お付きの若い運転手が小声で問いかけ、X社長がうなずくや、

「こちらです」

すぐさま先導していったのである。

私が「おや?」と思ったのは、雑談のなかで「このホテルは初めてだ」とX社長が話していたからだ。ところが、若い秘書役の運転手は迷わずトイレに案内したではないか。その確信に満ちた態度が、何となく気になったというわけである。

それから二週間後のこと。運転手クンがパンフレットの試し刷りを受け取りに私の事務所にやってきた。コーヒーを飲みながら彼と雑談していて、ひょいとホテルでのトイレの一件を思いだし、

「あのホテル、よく行くの?」

と訊いてみた。

「いえ。初めてです」

と彼は否定してから、私の質問の意図を素早く見抜いたのだろう。

「実は前日、時間があるときに下見に行ったもので」

とテレ臭そうな顔をして言ったのである。

これが二十余年前、編集企画会社をやっていた私と運転手――すなわち現在、広域組織三次団体を率いるZ組長との出会いである。

いまはカーナビがあるので、初めてのホテルでも場所はわかる。だが、社長にトイレの場所を訊かれて、

「えーと、トイレはどこかな……」

とキョロキョロしたり、

「フロントで訊いてきます」

と、あわてて腰を浮かすようでは〝社長付〟としては失格。「この男は使えないな」と社長に舌打ちをさせることになる。

あるいは、

「じゃ、軽くメシでも」

とX社長が我々を誘い、

「このホテルはどんな店が入っているんだ」

と問われて、

「えーと……」

とまごつくようでは、社長に恥をかかせることになる。

「だから、時間があれば、初めての場所は下調べしておくんです」

と、当時、運転手だったZ組長は語ったものだ。

もちろん、社長がトイレに行くとは限らないし、食事に誘うかどうかはわからない。下調べは時間と労力の無駄になるかもしれない。だが、**可能な限り事前準備をしておくのが若い者の務め**ではないか——というわけである。

「黄門さま」で知られる水戸光圀が、次のような和歌を詠んでいる。

ただ見れば　何の苦もなき　水鳥の
　足にひまなき　わが思いかな

意味は「川面《かわも》に浮かぶ水鳥は、のんびりとして優雅に見えるが、足は水面下でせわしく水をかいている。それと同じように、この自分も、他人から見れば気楽な境涯のように見えるだろうが、人知れずものを考え、思いをめぐらせて、心休まる暇もない」というもので、ここから転じて「人知れぬ努力」――すなわち〝アヒルの水かき〟の大切さを説く教訓となっている。

この努力によって運転手クンは、みどころのある若者として組長に可愛がられ、出世の階段を駆け上っていくのだ。

「場面」を読んで上司をフォロー

ひところ「ＫＹ」という言葉がはやった。

周知のとおり「空気（状況）が読めない」という意味だが、ヤクザ社会では「空気」に相当する言葉を「場面」と言い、ＫＹのことを「あの野郎、場面が読めねぇんだ」といった言い方をする。

もっとも、「場面」という言葉の意味は曖昧で、

「話《ナシ》をつけようと思ったが、場面が違うだろう」

「オレも場面だから、飲み代は全部面倒をみたんだ」

「そうは言うけど、場面つくってくれねぇと、オレも話しにくいじゃねぇか」

口に出さなくてもわかるだろう――といったニュアンスは、すべて「場面」という言葉に置き換えられる。

「何でぇ、その場面ってな」

とヤボなことを訊くヤクザは、もちろんいない。何となくわかるような気がする――という、言わずもがなの機微《きび》が「場面」なのである。

「よそ者《モン》が元気に××町を飲みまわっとるそうやな」

たとえば、**親分のさり気ないひと言は「××町はウチの縄張《シマ》やないか。他組織の連中が大手振って飲み歩いとんのに、おのれらは黙っとるんか」――ということを言外に含んでいる**わけで、組員は〝道具〟を抱いて現場へ飛んで行って正解となる。

こんなヤクザ社会で、「あいつは若いが使える」と親分のおぼえめでたいのが、関東某会のF君である。たとえば、親分のお伴をして喫茶店に入ったときのことだ。コーヒーを飲み終わると、親分は、分厚いクロコの長財布から一万円を引き抜き、

「釣りはいいぜ」

マスターに鷹揚に告げて店を出ると、こうつぶやいた。

「コーヒー二杯で一万円か」

それから三十分後、

「これ、マスターから差し入れっス」

Ｆ君が、ケーキの箱を抱えて事務所にもどってきたのである。

本当に差し入れだったか、あるいはＦ君がマスターにコワモテで督促したか——。真相はわからないが、

「なかなか気がきくじゃねぇか」

親分は上機嫌で笑った。差し入れに喜んだわけではない。場面を読んで気を利かせたＦ君に対し、笑顔をもって褒めたのである。

あるいは、こんなこともあった。親分が組員たちを引き連れ、焼肉店へ行ったときのことだ。さんざんっぱら飲み食いしたあとで、Ｆ君が店長を店の隅に呼んでインネンをつけた。

「てめぇ、この野郎。換気はどうなってんだ。煙たくて、肉の味なんかしねぇだろう」

「す、すみません。換気にはじゅうぶん気をつけているんですが」

「じゃ、どうして煙るんだ」

「少しは煙は出ると思いますが……」

「てめぇ、まさか金を取る気じゃあるめぇな」

「そ、そんな……」

そこへ「どうしたんだ」と親分が登場。事情を知るや、「バカ野郎！　カタギ衆に迷惑をかけんじゃねぇ」とF君を叱責してから、店長に向き直り、

「こいつも、みんなのためを思ってのことなんでしょう。悪く思わんでください。短気だけど、根はいい奴なんですよ。おい——」

F君をうながし、頭を下げたのである。

これには店長も大感激。「あの親分さんは、たいした人だ」と、あちこちで感心してみせることになる。まともに料金を払っただけなのに、親分は地元でますます評判を取ることになる。店長にインネンをつけたのは、F君が場面を読んでのことで、親分もまた、咄嗟《とっさ》にそれに応じたということだ。

「この見積もりじゃ、高すぎますよ！」

上司に同伴した交渉の席では、ケツをまくってみせるのも一法だ。

「言葉を慎みたまえ」

上司が叱責し、

「申しわけありません。仕事熱心な男でして、他意はありませんので、気を悪くしないでください」

先方にいい顔をしつつ、一方で、上司は部下を頼もしく思うことだろう。

悪い知らせは、「次善の策」とセットで知らせよ

結果だけが問われる。

これが大人社会だ。

「死ぬほど頑張ったんですが、契約は取れませんでした」

「そうか、よくやったな」

と上司に評価されることは、まずありえない。

口でこそ「ご苦労さん」と言うかもしれないが、腹のなかでは、

（しょうがねぇな）

と舌打ちである。

まして、違法・脱法、何でもありのヤクザ社会では、結果を出せなければ、舌打ちどころか、我が身がヤバイことになる。だから騙そうが、脅そうが、それこそズドンとピストルで撃とうが、目的を達成するための手段やプロセスは一切問われない。たとえて言えば、木になったリンゴを取る場合、手を伸ばして届かなければ木を切り倒しちまえ――というのが、彼らの思考法なのである。

だが、ヤクザは、額に汗して働くことの少ないビジネス形態なので、ドジを踏むことが少なくない。そこで問題になるのが、上の人間に、そのことをどう報告するか。**報告の仕方ひとつで、評価は百八十度変わってくる**のだ。

まず、悪例から。

都内の盛り場に事務所を構えるA組が、風俗店のオーナーからキリトリ（債権取り立て）を頼まれたときのことだ。暴対法で債権取り立ては禁止されているが、それは表社会の話で、裏社会の住人同士の貸し借りでトラブれば、ヤクザの出番となる。風俗店のオーナーがホス

トクラブ社長に一千万円ほど用立て、それがコゲついたというわけである。

幹部の命を受け、さっそくＫ組員がホストクラブに乗り込んだところが、店は閉店。自宅マンションも引っ越し。トンズラしていたのである。Ｋ組員は事務所に帰ってきて幹部にそう報告して、

「野郎、頭にきますね」

と、立場上、息巻いてみせたところが、

「てめぇ、ガキの使いか！」

灰皿が飛んできた。

（つまんねぇ報告なんか持ってくるんじゃねぇ）

というわけだ。

古代ギリシャでは、悪い知らせを伝えた使者は殺されたというが、

「何とかするのが、てめぇの仕事だろう！」

という苛立ちが、幹部に灰皿を飛ばさせたというわけだ。

Ｋ組員にもうちょっと知恵があれば、とりあえずの報告ということにして、

「野郎に女がいるらしいんで。そっちを当たってみます」

とか何とか善後策を伝えることで、幹部の怒りを封じられたことだろう。

そして、あっちを当たった、こっちを捜した、女をシメたし、野郎のダチをボコボコにした——と、やるべきことはすべてやりつくした、ということにでもすれば、

「そうか」

不承不承《ふしようぶしよう》ながらも、幹部は納得することだろう。

さらに——。

K組員がキレ者であれば、依頼主の風俗店オーナーをガジり（脅し）、いくばくかのカネを出させたはずだ。実際、同じようなキリトリ案件で別組織のQ組員は、依頼主にやんわりこう言って、カネを取っている。

「どのみち野郎はウチが見つけ出すが、組長《オヤジ》の手前もあるんで、経費をいくらか持ってくれねぇかな」

そうして、そのカネを組長に渡し、

「お世話になっているんでよろしくとのことです」

「そうかい」

上機嫌になるのだ。

仕事でドジを踏んだら、たとえ不可抗力であっても、上司は部下に不満をいだく。だから**悪い知らせは、必ず「善後策」や「お土産話」とセットで報告**すること。災いが転じて福になることがあるように、失敗も報告の仕方で、お咎めなしになるのだ。

上司の服装のマネをするのも一手

「この命、兄貴のためなら捨てても惜しくありません」

「そうか！」

と感激するほど、ヤクザは甘くはない。

言葉とは嘘も方便というように、重宝なものであることを、彼らは経験で熟知しているからだ。

今日ほめて　明日わるく言う人の口　泣くも笑うも　嘘の世の中

とは一休禅師が詠んだ戯《ざ》れ歌だが、権謀術数《けんぼうじゅっすう》渦巻き、「鉄砲の弾は後ろ（身内）から飛んでくる」と揶揄《やゆ》されるヤクザ世界で生き抜いていくには、言葉を鵜呑《うの》みにするわけにはいかないというわけだ。

元ヤクザ幹部で、いまは事業家に転じた知人は、

「ウワサや他人の評判なんか、いっさい耳を貸さないね。オレが信じるのは、自分のこの目で実際に確かめたことだけだ」

というのがログセだが、これはヤクザ社会で身についた習い性《しょう》ということか。

だが、言葉を換えれば、**自分の目で実際に確かめたことは誰が何と言おうと信じる**ということでもある。ここに、目上の人間から信頼され、可愛がられる〝目下の人望力〟が潜んでいるのだ。

某組のU本部長は、若手のN組員を本部長付に抜擢し、ことのほか可愛がっている。傍目《はため》には調子がいいだけの若者に見えるし、そんな風評もU本部長は承知しながらも、

「野郎は見どころがある」

と信頼を置いているのだ。

それがなぜなのか不思議に思っていたが、あることに気づいた。

似ているのだ。

スーツの色とデザイン、ネクタイ、さらにワイシャツのネーム刺繍の位置もU本部長と同じ袖口で、しかも糸の色は濃紺、そして、頬には本部長と同じ切り傷……。拙著『1分で「みどころがある！」と言わせる仕事術』（青志社）のなかで、

《あるヤクザ幹部の頬に切り傷があるのだが、若い衆がそれをマネて、ナイフで自分の頬に傷をつけたということがあった。「バカな野郎で」と幹部氏は苦笑して見せるが、やはり可愛いのだろう。手もとに置いて、何くれとなく面倒をみている。》

と書いたが、この若い衆がN組員なのだ。

マネされて、気をよくしない人間はいない。

なぜだかわかるだろうか。

それは「推測」にある。

（おっ、Nのヤツ、オレのマネしてやがるな）

と気づいた段階で、

（ハハーン、Nのヤツ、オレのこと尊敬してんだな）

という思いをいだく。

嫌いな人間のマネなどするわけがなく、したがってその逆は「好き」と「尊敬」ということになる。

「本部長のこと、尊敬しています」

と言ったのでは、

(この野郎、調子こいてやがる)

と思われてしまうが、

(ハハーン、オレのこと尊敬してんだな)

という思い――つまり「自分の判断」は、無条件に信じてしまうのが人間なのである。

先に紹介した元ヤクザ幹部で、いまは事業家に転じた知人がいみじくも「オレが信じるのは、自分のこの目で実際に確かめたことだけだ」と語ったように、N組員は、ヤクザのこの価値観を見事、逆手に取ることでU本部長の心をつかんだということになるだろう。

ビジネスマン社会も同様だ。「この上司に可愛がられたい」――と思うなら、上司のマネをすればよい。スーツの色からネクタイ、カバン、手帳まで徹底してマネをする。

(あれ？　オレと同じネクタイだな)

という何気ない思いが、やがて、
(カバンも同じ、手帳も同じ……。こいつ、オレのマネをしてるな)
という確信に変わったときから、可愛がられていくのだ。

「将」を落とすには「馬」にゴマスリの矢を射よ

「将を射んと欲すればまず馬を射よ」――とは使い古された格言だが、「上の人間に取り入る」ということにおいて、これにまさるものはないのではあるまいか。馬上の将軍を弓で射るのは至難のワザだが、馬を射《い》殺《ころ》して将軍を落馬させれば、容易に仕留めることができることになる。

だから「馬」――すなわち、**カミさんに取り入るのが出世の早道**となる。

「誠実な人ね」

という社長夫人の何気ないひと言で、昇進への足がかりをつかむ社員もいれば、

「あの人、虫が好かないわ」

というひと言で気が変わり、内定していた昇進を見送ることもある。

ここに、上司に可愛がられる〝部下の人望力〟がひそんでいる。

インターネット関連企業の社長が言う。

「何事においても決定というのは、前提をベースとして、その上に思考を重ねていって下すものでしょう？　だから結果が〝ピサの斜塔〟になってしまうことが少なくない。これを防ぐには、積み重ねていった思考をもう一度、吟味する必要があるんだけど、ついそのことを忘れてしまっているんですね」

だから女房の何気ないひと言でハッと気づかされることがある——と、この社長は言うのだ。これは社長でなく、上司であっても同じことで、カミさんのひと言は千鈞《せんきん》の重みを持つこともあるのだ。

ヤクザ社会は、カミさんが稼業のことに口出しすることは、まずない。

意見することもない。

「あんた、そんなことして大丈夫やの？」

心配して口をはさもうものなら、

「女は黙っとれ！」

目を三角にして怒るだろう。ミエとプライドで渡世を張っているだけに、女房ごときに四の五の言われたのでは頭にくる——というわけだ。

だが、そこは夫婦。稼業のことには口出しはしないが、ちょっとしたときに組員のことを話題にすることはよくある。

「あの子、なんやの。お使い頼んだら、いま忙しいやて」

「みな忙しゅうしとんのやから、つまらんこと言うたらあかんで」

面倒なものだから、そう言って一度はたしなめるが、

「せやけど、あの言い方はなんやの。うち、ああいうの、好かんわ」

そこは夫婦の会話。ごちゃごちゃ言われると組長も鬱陶《うっとう》しくなり、そのハケ口は女房ではなく、当の若い衆に向かい、

（あのアホだらが）

ということになる。

姐さんのちょっとしたボヤキが、組員の評価に大きく影響するというわけだ。反対に「〇〇ちゃん、素直で、いい子ね」——と姐さんが上機嫌で目を細めれば、〇〇組員の評価は上

がる。夫婦の機微とは、そうしたものなのである。

「女は黙っとれ！」

という〝男尊女卑〟のヤクザ社会においてすらそうなのだから、一般社会はそれ以上に、**奥さんのひと言が、社員や部下の評価に大きくかかわってくる**ことになる。

だが、ちょっと目端《めはし》の利く人間であれば、「将」を射るため、女房という「馬」にせっせと〝ゴマすりの矢〟を飛ばしているものだ。ただ、ここでよく見落とされるのが、いつも将のそばにいる「世話人」なのである。

某組の理事長は実力者として聞こえた大物で、彼の事務所には社会の裏と表を問わず、いろんな人間が出入りしている。平身低頭する者もいれば、モミ手する者、お世辞の連発でヨイショする者など、みんながすり寄ってくる。この理事長には、「理事長付」という肩書きを持つWという古参組員が秘書役でついているが、腰が低く、存在感が薄いこともあって、客はもちろん、組員たちも軽く見ている。長いものには積極的に巻かれ、短いものには目もくれないのが人情であれば、それも当然だろう。

ところが、若手組員のO君は違った。W組員に積極的になついていったのだ。W組員もO君を可愛がり、やがてO君はW組員の口添えで役付に抜擢されることになる。客も、他の組員たちも、Ｗ組員がいつも理事長のそばにいる――という当然の事実を見落としていたため、理事長にはシッポを振っても、Ｗ組員のことは無視していたのである。

　これは私の想像だが、おとなしいＷ組員が、組の重要事項について理事長に進言することはなかったろうが、ちょっとしたときに、組員たちの話題を口にしたことだろう。前記のごとく、〝夫婦の会話〟のようなもので、

「Ｏのヤツ、なかなか見どころがありますね」

「そうかい」

「これからが楽しみです」

　といったような会話がなされたことだろう。

　事実、理事長に「Ｏ君は大出世ですね」と水を向けたところ、

「Ｗがずいぶん買っているからさ」

　と言って笑ったものだ。

「将を射んと欲すればまず馬を射よ」とは、こういうことをも言うのだ。

「大変だったスよ」——手柄のアピールは逆効果

褒められてうれしいのは、子供も大人も、みな同じだ。

それも、

「よくやったな」

という通り一遍の褒め言葉でなく、

「本当によくやった！」

と絶賛して欲しいものだ。

ことに上司の期待に応えたと自負している場合は、なおさらである。だから「大変でした」「疲れました」「徹夜つづきでヘロヘロです」——と、無意識に手柄をアピールしようとする。誰しも、そんな経験はあるだろう。**人情としてはわかるが、これは逆効果になってしまうのだ。**

この心理を、ヤクザも見どころのある若い衆は心得ている。たとえば、A組の若手であるU組員が、キリトリ（債権取り立て）で債務者の自宅に徹夜で張り込み、回収に成功したときのことだ。

「ご苦労だったな」

幹部のねぎらいに、ニカッとうれしそうな顔を見せるようでは、これから先も一目置かれることはないだろう。

「大変だったスよ。ゴミ置き場のところに隠れて……」

いかに苦労したかを滔々《とうとう》と語れば、幹部はうんざりして、

「てめぇ、安い男だな。その程度のことで喜んでいるのかよ」

と、口には出さないまでも、確実に評価を下げることになるのだ。

上の人間に可愛がられる若い衆は、手柄を立てたときは謙遜する。少なくとも、私がこれまで会った若い衆で、見どころがあると評価される人間はそうだ。

「ご苦労だったな」

「いえ」

「疲れたろう」

「もっと早くにカタをつけられるとよかったのですが、申しわけありません」

こう言われれば幹部も、

「なあに、よくやったぜ」

本心から褒めることになる。

ところが、なかなか謙遜はできないものだ。まして、ねぎらいの言葉が足りなければなおさらで、つい「大変だったスよ」と言いたくなる。だが、それでは逆効果になることを肝に銘じておくことだ。

「どうしましょうか？」という問いかけの賢い使い方

親分の顔色をみて判断する。

これがヤクザの鉄則だ。

「どうしましょうか？」

と、いちいち判断を仰ぐようではヤクザ失格。

ましして、使用者責任が厳しく問われる現代にあって、「殺《や》りますか？」

「おう、殺っちまえ！」

と命じる親分などいるわけがないし、そんなことが話し合われたこと自体、親分にとってヤバイことになるのだ。

さりとて親分は、組員が襲撃することを知らないで〝寝耳に水〟ということもない。

（殺れ！）

という親分の気持ちを顔色から察し、行動に移してこそ、一人前のヤクザということになる。

余談ながら、人間心理に疎《うと》く、気がきかない若い衆のことをボンクラと言う。一説によると、ボンクラは「盆暗」と書き、賭場の状況や勝負の流れなどが読めず、客の応対やゼニ勘定も満足にできない者のことを指すとされる。いまでは広く一般に使われているが、元は主として関西方面で使われる業界用語で、いまふうの言い方をすれば、

「野郎、使えねぇな」

といったところか。

ボンクラは論外として、本当の意味で上の人間に可愛がられる若い衆は、顔色を読んで行動するだけではない。「どうしましょうか?」という問いかけを、実は巧みに用いているのだ。

関西系A組が街金《まちきん》に頼まれ、飲食店経営者に債権取り立てをかけたときのことだ。飲食店経営者は、ケツ持ち（用心棒）のV会を出してきた。組同士で何度か話し合いがもたれたが、組織力に勝るA組が圧倒的に優勢で、結局、V会から「この一件から手を引くから、何とかウチの顔も立ててもらえないか」という泣きが入った。

さて、ここである。

現場責任者であるA組本部長は、独断でここまで話を進めておいてから、組長に「どないしましょうか?」と、あえて判断を求めたのである。

「せやな。今後のこともあるやろ。ゼニ、半分に負けたれや」

組長は上機嫌で言った。

すでにおわかりのように、**好結果が見えたとき、あるいは確定したときだけ組長の判断を仰ぎ、いい気分にさせる**というわけだ。

「V会が出てきよりました。どないしましょか?」

という相談はNG。

「V会が泣いてきよりましたが、どないしましょか?」

あえて組長に花を持たせて、おぼえめでたくなるという次第。

「部長、先方から見積もりの件でクレームが来ていますが、どう対処しましょうか」

という相談はもちろんNGで、

「見積もりの件で、先方と話がまとまりました。値引きの幅はウチに一任すると言ってきていますが、どう返事しましょうか?」

これなら上司は喜ぶのだ。

成功が確実で、もう少しで成功というときを見計らって上司に相談し、花を持たせる。つまり、ダルマに目を入れさせてやるのだ。反対に、**ヤバそうな案件は――たとえ上司が知っていても――独断専行の体裁を取り、失敗したときに上司の逃げ道をつくってやる**のが、賢い部下の処し方というわけだ。

「なぜ勝手なことをしたんだ!」

という上司の叱責は、

（やれやれ相談されなくてよかった）
という安堵の裏返しであることを知っておくべきだろう。
上司の本当の怒りは、成功することが見えた段階で、ひと言の相談もないことなのだ。
「なぜオレに花を持たせないんだ！」
とはもちろん言わないが、腹の中で怒っている。
だから、あえて「どうしましょうか」という相談が必要というわけだ。

第五章

自分磨きの人望術

「子供っぽい」人は「人望」がある人

人望とは「稚気《ちき》」のことではないか。

そう思うときがある。

稚気とは「子供っぽい」という意味で、組員に慕われる親分の多くは強烈なカリスマ性だけでなく、稚気にも富んでいる。

たとえば、武闘派にして人望家として聞こえるS組長が、古稀《こき》（七十歳）を迎えたときのことだ。幹部のひとりが一杯やりながらしみじみと語った。

「組長《オヤジ》が七十ってことは、俺が盃をもらってから、ちょうど三十五年。あのオヤジの下で、よく続いたと自分でも感心するよ。短気というのか、早とちりというのか……。〃××会の連中が〃と言っただけで〃よし、殴り込みだ！〃――なんてね。理由も聞かないで猛《たけ》り狂っちゃうんだから、まわりにいる人間は大変だよ」

そう言ってから、

「でも、そこがオヤジの魅力なんだね」

と語る。

あるいは、老舗《しにせ》ヤクザとして名を馳せるH会長は、右と左をよく間違えるため、会長付の若い運転手は泣いている。

「会長、そこを左に曲がってよろしいですか」

「右だ」

「わかりました」

運転手がハンドルを右に切るや、

「バカヤロー、右だ！」

「ですから右に……」

「右だと言ってるだろ、バカヤロー！」

運転席のバックレストをドンと蹴って、

「おまえは右と左がわからんのか！」

どやしつけられるのだそうだ。

「マジ、まいっちゃいますよ」

と、当の運転手はボヤきながらも、

「でも、そこが会長のいいところでもあるんですがね」

と言う。

先の幹部も、若い運転手も、言わんとするのは「ウチのオヤジはたいした人だけど、ちょっと子供っぽいところがあるので、俺たちが支えていかなくちゃならない」――ということなのである。すなわち**「稚気」とは「憎めない人間」という意味で、人望には不可欠の要素**と言ってもいいだろう。

故・田中角栄元首相は「コンピューター付きブルドーザー」と呼ばれ、決断と実行力が高く評価された政治家だが、彼に稚気がなければ、国民的人気を得ることはなかったろう。たとえば三十九歳で郵政大臣として初入閣したときのこと。NHKラジオ『三つの歌』に出演し、浪曲『天保水滸伝』をひとくさり唸《うな》った。この浪曲は二人の侠客――笹川繁蔵《ささがわのしげぞう》と飯岡助五郎《いいおかのすけごろう》の勢力争いの物語であるため、

「公共放送でヤクザ礼賛の浪曲とは何ごとだ!」

と抗議が殺到したが、この〝稚気〟によって田中角栄は国民に人気が出たのである。

医学博士にして推理作家の故・小酒井不木《こさかいふぼく》にこんな一文がある。

《英雄にはしばゝゝ愛すべき稚気がある。シーザーが嘗《かつ》て帆船で海峡を渡らうとしたとき、突然大雷雨風が起つて船は転覆に瀕した。船長は絶望を叫び水夫は櫂《かい》を捨てゝうづくまつた。この時シーザーは立つて怒号した。

「馬鹿！　何が恐ろしい？　シーザーが乗つて居るではないか。」と。

かくの如き稚気はもとより凡人にもある。ただ、英雄と凡人の差異は、その稚気が愛すべきか又は笑ふべきかにあるのみだ。》

若い衆の人望を集める親分と、古代ローマ帝国に君臨したシーザー――。愛すべきかどうかはともかく、上に立つ人間に「稚気」は不可欠ということなのである。

「白か黒、灰色は無し」とハラをくくる

（この人について行こう！）

そう思う瞬間がある。

心が震えるほどの感動と敬意で身が引き締まる一瞬だ。

「あれは、俺が盃を下ろされた直後のことだったな」

と、いまは引退して悠々自適の長老ヤクザが振り返る。

「飲み屋で代紋違い（他組織）とトラブってさ。ビール瓶でブン殴っちまったんだ。たいしたケガじゃないんだけど、治療費がどうのこうのという話になってさ。どうしたもんか理事長に相談したところが」

理事長は世間話でもするかのような口調で、

「殺《や》るか詫びるか、ヤクザは二つに一つだろう。詫びんのか？」

と訊いてきたのだ。

これには生唾ゴクリで、

「いえ」

と答えると、

「道具は？」

「ありません」

「これを使いな」

拳銃《チャカ》をテーブルに置いて、

「殺ったら自首するんだぜ」

ことなげに言ったのである。

「俺も二十三、四のガキだったからね。理事長はすっげえ人だって感激してさ。正直、恐くて震えがきたけど、ハラをくくったんだ」

チャカをズボンのベルトにねじ込み、事務所を出て行こうとしたら「待て」と理事長が呼び止め、

「いい度胸だ。話《ナシ》は俺のほうでつけてやる」

そう言って、ニコリと笑ったのだという。

「この理事長はいつだって二つに一つなんだから。白か黒かで灰色は無《ね》ぇんだから、相手もヤバイやね。要するに度胸勝負のチキンレースだな。俺も理事長のようになりたいってね。心底、あこがれたもんさ」

たとえば、取り立てに代紋違いの事務所に乗り込めば、

「能書きはいい。払うか払わねぇか、返事だけ聞かしてくれ」

と迫る。

「払う」と返事すればよし。「払わない」と居直れば席を蹴り、ドンパチが始まることになる。**ハラのくくりがなければできないことで、この度胸に若い衆はあこがれる**というわけである。

ビジネスマンも同じだ。「白か黒か」――と明快に白黒を迫ったり、みずから判断を下す上司にあこがれる。さげすまれるのは保身に走る上司で、「二つに一つ」を相手に迫らないし、判断することもしない。

「白もいいし、黒もいいねぇ。灰色だってかまわないよ」

と、答えを求めず、答えを出さず。

将来に志をいだく若い部下は、この優柔不断さが我慢ならず、「ウチの課長はだめだな」と居酒屋で悪口のサカナになる。**保身のための優柔不断さが、実は保身になっていないという皮肉な結果になる**のだ。

「単価、もうちょっと下がりませんかね」

取り引き先に言われたら、

「無理です。この単価で取り引きしていただけないのでしたら白紙にもどすしかありません」

　と迫る。

　あるいは、

「課長、先方から見積もりが来ました」

「高いな。下げさせろ。イヤなら取り引きは中止と伝えろ」

　と断固たる姿勢を見せる。

　リスキーだが、リスキーであるがゆえに、毅然とした態度が人望を得るのだ。

迷わない、ブレない上司に人望が集まる

「優柔不断」と「朝令暮改《ちょうれいぼかい》」。

　嫌われる上司の双璧が、これだ。

「課長、例の企画、進めてよろしいですか？」

「ウーン」

「何か問題点でも？」

「そういうわけじゃないんだが……」

「じゃ、進めてよろしいですね？」

「ウーン」

（イエスかノーかハッキリしろ！）

と、部下としては内心怒鳴りたくもなるだろう。

反対に、**テキパキと断を下しはするが、コロコロと指示が変わる上司も厄介**だ。

「二割引きで見積もりをつくれ。大至急だ！」

ところがしばらくすると、

「値引きなしでいくぞ！」

「エエッ！」

優柔不断と朝令暮改は、人望どころか、部下たちによる居酒屋での上司の悪口談議に火をつけてしまうのだ。

実は、ヤクザの親分にも、このタイプは少なくない。

「組長、××一家の連中ともめました。シメちまいましょうか？」

「そうだな。ま、本部長と相談して、いいようにしな」

口調こそドスをきかせているが、要するに優柔不断。「わしゃ、知らん」と言って逃げているのだ。シメて問題が起これば「バッキャロー！」、うまくいけばニンマリというわけである。

　これが朝令暮改の組長であれば、

「連中をシメちまえ！」

　バーンと命じておいて、半口もすれば、

「いいか、××一家に手を出すんじゃねぇぞ」

「もうシメちまいました」

「バッキャロー！　あれほど手を出すなと言っただろう！」

　若い衆を啞然とさせることになる。

　サラリーマン社会と違って、判断いかんによって組の存亡と命が懸かるだけに、トップや幹部連中は判断に迷い、その結果、優柔不断にもなれば朝令暮改もするだろう。言い換えれば、判断が命がけであるからこそ、毅然と命令を下し、ブレない親分は若い衆たちから尊敬されるということでもある。

関西某会の組長がそうだ。

「組長、どないしたらええですか？」

幹部から判断を仰がれれば、「拳銃《チヤカ》、撃ち込んだらんかい」「静観や」「待っとれ、わしが話つけたる」――瞬時にして断を下し、〝暮改〟することもない。だから組員から信頼され、敬われ、人望を集めている。

かつて私は、断を下すに際して迷いが生じないのが不思議で、取材したときにそのことを問うたことがある。

すると組長は「迷わへん」と即座に言って、

「先のことなんか、どうなるかわからへんやろ。わからんことを、あれこれ考えるから迷うんや。上が迷いを見せたら下も動揺するがな。そんなもん、直感で決めたらええんや」

――しかし、判断が間違っている場合もあるのでは？

「そら、ぎょうさんあるがな。せやけど、物事は刻々と変化していきよるからな。いちいち気にせんかてええがな。どんな事態になっても、そんなもん、ハナから織り込み済みやいう顔をして見せとけばええ。上の人間が、若い衆の信頼をどれだけ集められるか。組の力はここで決まるんや」

そして組長は、こうつけ加えた。

「とは言《ゆ》うても、人間やから誰でも迷うがな。せやから迷うのはええ。不安も当然あるやろ。**大事なことは、迷いと不安を下の者に絶対に見せんこと**や。ここで、上のもんは値打ちが決まるんとちゃうか」

迷いと不安を腹に呑み込み、決然と断を下す上司に人望は集まるのだ。

部下の〝持ち物〟を奪うなかれ

兄貴分が若い衆に嫌われる最たる理由は、何と言っても女癖の悪さだ。「ヘソから下に人格なし」と昔から言うけれど、任侠道に生きるはずのヤクザが、若い衆の女に手を出すとは不届き千万であろう。

♪義理イイイと　人情ヲヲヲヲ　秤《はかり》イイイにかけりゃアアアア〜

カラオケで高倉健の『唐獅子牡丹《からじしぼたん》』に酔いしれ、ジギリをかけて（組のために身体を張って）服役。胸を躍らせながら出所してみると、兄貴が自分の女を寝盗《と》っていた――なんて話はめずらしくない。

「てめぇ、それでも兄貴か！」

若い衆がキレて、兄貴分をドスでブスリ――と刺し殺した事件もあるが、こうしたトラブルは表には出にくい。身内の恥だから誰も口外せず、業界的には〝なかったこと〟にしてしまう。したがって組葬ではなく、個人葬になる。余談ながら、組葬であれば結構な額の香典が集まるが、個人葬ではそうはいかず、組長にしてみれば人材を失い、香典を失い、ダブルパンチということになる。

ビジネスマンの場合、部下のカミさんを寝盗るということは、めったにない。だが**上司はそうと気がつかないだけで、部下の〝持ち物〟を平気で盗っている**のだ。その結果、人望どころか、部下は怨みをいだく。

住宅販売会社の部長氏が、宴会の流れで、部下が行きつけのスナックへ案内された。部下はもちろん部長をヨイショし、ママさんもまた、上客ということで歯が浮くようなお世辞で歓待したのである。

これにすっかり気をよくした部長氏は、このスナックにちょこちょこ顔を出すようになった。部下も当初こそ、「部長に紹介してよかった」と喜んだが、ママさんも、店の女の子たちも部長べったり。部下が店に顔を出しても以前ほど歓待されなくなってしまったのである。

これは部下にとって面白くない。自然と足はスナックから遠のいていった。「庇《ひさし》を貸して母屋《おもや》を取られた」――部下はそんな気持ちだったと振り返る。

「たかだかスナック一軒の話ですが、何となく部長の人間性を疑っちゃってね。この人、信用できないな、ってね。もちろん、これまでどおり笑顔で接していますけど、腹のなかじゃ、嫌ってるんですよ」

あるいは、不動産会社の若手社員は、ある物件の売買で、商社に勤める大学の先輩を課長に紹介した。先輩の尽力で売買はまとまるのだが、これを機に課長が先輩を自分の人脈として取り込んでしまったのである。

「それまでは僕の顔を立ててくれていたんですが、そのうち〝蚊帳《かや》の外〟。面白くありませんよ。課長ってそんな人だったのかってね。二度と人なんか紹介するものかって」

先の部長氏も、この課長氏も、部下がこれまで培ってきた人間関係を、いわば横っちょからひょいと〝寝盗った〟というわけだ。ヤクザ社会のようにブスリと刺されることはないが、カタギ社会において**部下がいだく恨みは、悪評という〝言葉のドス〟となって人望を刺し殺すこともある**のだ。

人望の基本は一に健康、二に健康

人生、太く短く――のはずのヤクザ親分が、意外に健康オタクだったりする。ジョギングやウォーキングはもちろん、水泳、テニス、スキューバダイビング……等々、太陽の下で健全な汗をかいている。もちろん健康サプリも欠かさないし、深酒などもってのほか。「ヤクザは畳の上じゃ、死ねやしねぇよ」と、いささかの自負と矜持《きょうじ》を込めて自嘲してみせたのは、いつの時代だったろうか。

「そりゃ、何だかんだ言っても健康がいちばんだからね」

と、いまは亡き関東ヤクザ界の長老M氏が、麻雀を打ちながら語ったものだ。

「**人間、カネがあります、力があります、人望があります――と威張ってみたところで、病気にゃ勝てない**。ましてオレたちヤクザが寝たきりになってごらんよ。そこいらのチンピラにだって相手にされなくなるさ」

だから健康に気をつかい、M氏は毎日二時間以上のウォーキングを欠かさない。エレベーターに乗るのは五階以上の場合だけで、それ以下は階段を使う。これは夏場も同じで、後退した額に玉の汗を光らせながら階段を上っていく姿は壮健で、七十歳を過ぎているとは思えないほどだった。

そのM氏が、こんな話をしてくれたことがある。

「政治家とヤクザは〝健康不安〟がささやかれ始めたら周囲の人間は浮き足立つ。跡目問題が起こるからね。跡目を狙う者がいれば、それの尻馬に乗る者もいる。敵対組織にしてみれば、縄張《シマ》を食い荒らすチャンスだと思うかもしれない。どっちにしろゴタゴタが起こり始める。親分の健康ってのは、それほど大きな意味を持っているんだね」

だから親分は、健康不安のウワサが立つことを嫌い、恐れるというわけだ。

そういえば、ある若手ライターが某組織の組長について《病に倒れはしたが、病院のベッドで元気に采配を振るい……云々》と、よかれと思って記事に書いたところが、当該組織から強烈なクレームがきて、大騒動になったことがある。親分の健康は、対外的には秘中の秘というわけだ。

このことは、ビジネスマン社会も同じだ。

「部長、胃ガンらしいぜ」

というウワサが立てば、部下たちは神経をとがらせる。

「ヤバイの?」

「再発らしいんだ」

「じゃ、遠からず退職だな」

部下たちの気持ちだって離れていく。**病気という現実を前にすれば、人望など木《こ》っ端《ぱ》微《み》塵《じん》に吹き飛んでしまう**のだ。

「人望なんざ、健康であってこその話だね」

と生前語ったM氏の言葉が、いまも私の耳朶《じだ》に残っている。

「お金」でヘタなミエを張るのはNG

「人望」と「お金」は密接に関わっている。

お金の多寡《たか》ではない。

〝使い方〟である。

札ビラを切ったからといって人望は得られるものではないし、**フトコロが貧しく、下の者に満足に奢《おご》ることができなくても、人望は得ることができる。**

では、どうやるか。

具体例で紹介しよう。

中堅のZ兄ィと若手のK組員、それに私と三人で盛り場を歩いていたときのことだ。居酒屋の前を通りかかると、店の換気扇からプ〜ンと焼き鳥の匂いが漂ってきた。K組員がクンクン鼻を鳴らして、

「いい匂いっスね」

と、Z兄ィの気を引くような言い方をした。

「そうだな。ちょっと飲《や》っていくか——と言いたいところだが、昨日、競馬ですっちまってよ。ポケットで百円玉がチャラチャラ鳴ってるぜ、ガハハハハ」

豪快に笑い飛ばした。

フツーのヤクザなら、ここはミエを張って、

「これからちょいとヤボ用があるんだ」

とか何とか言ってカッコつけるところだろうが、Z兄ィは気さくに〝台所〟を全開して見せたというわけである。

「じゃ、取材のお礼に一杯やりましょう」

と私が言うより早く、

「自分、麻雀で勝ちましたんで」

とK組員。

「そうか。じゃ、おめぇが立て替えということで飲むか」

ということで店に入り、そのあとZ兄ィの顔がきくクラブに流れ、夜遅くまで楽しく飲ん

だ。

そして、翌日――。Z兄ィが事務所に顔を出すと、「おい、きのうの借りだ」と言って、十万円をポンとくれたのだと、K組員が感激の面持ちで語ってくれた。十万円という金額に感激したこともあるだろうが、それだけではない。「ポケットで百円玉がチャラチャラ鳴っている」と、自分に〝台所〟を見せてくれたこと、「奢る」という僭越《せんえつ》な申し出を気さくに受けてくれたこと――などが、K組員をうれしくさせたというわけである。

あるいは、こんな例もある。

若手のフリーライターが、旧知の親分さんを取材したときのこと。親分はラーメン屋に彼を誘って、

「せっかく来てもらったのに悪いな。このところ、ちょいと物入りでよ。ラーメン屋で申しわけないが、勘弁だぜ」

弱小組織ゆえ、シノギが苦しいのはわかっていたが、ヘタなミエを張らず、ホンネで接してくれたことに親分の誠意と人柄を感じ、

「ますます好きになりました」

とライター君は語りつつ、

「大手組織の親分さんに連れて行かれる店は、たいてい中華か焼き肉の高級店ですが、どんな豪華な料理より、あのときのチャーシュー麺のほうが何倍もおいしかったです」

と感激する。

まるで人情話のようなエピソードだが、『人望』と『お金』は密接に関わっている」と冒頭に記した意味が、おわかりいただけるだろう。

「課長、たまには一杯いかがですか」

部下に声をかけられ、フトコロがさびしいときは、

「それが、ちょっと用があってね」

と、つい逃げを打ってしまう人が多い。

だが、人間というやつは、どんなに言いつくろってみても、ホンネを敏感に察知するもので、**「オレにウソをついている」――というガッカリ感で、部下の気持ちはいっぺんに離れてしまう**だろう。

ここは、

「行きたいけど、今夜は手元《てもと》不如意《ふにょい》。安月給のしがない亭主の悲哀を噛みしめてるよ。ガハハ」

これでいい。「金がない」と言うのはカッコいいことではないが、「オレに心を開いてくれている」という部下の気持ちは、それにまさるのだ。

「今夜は、自分が――」

「そうか。よし、今夜はご馳走になろうじゃないか」

そして、翌週にでも奢り返せばいい。「人望」と「お金」の関係とは、人間関係の機微を言うのだ。

あるインテリヤクザの本音

人望のある親分は、本音を口にしない。

自分の腹のなかを見せないのだ。

組員たちは常に親分の隻言半句《せきげんはんく》に耳をそばだて、顔色を読み、それに応じて我が身の処し方を決めようとするからだ。

たとえば弱小組織が大手組織とトラブルを起こし、一触即発の状況のなかで、

「ヤバイ！」

と親分が本音を口にすれば、組員は沈没船のネズミのごとく我先を競って逃げ出して行くだろう。人望どころの騒ぎじゃない。こういう場合、若い衆に信頼されている親分は内心の動揺をぐっと腹に呑み込んで、

「心配せんでええがな」

余裕の笑みを浮かべて見せることで組員は安堵し、親分に信頼を寄せる。

「白《はく》、ポン！」

と麻雀にでも興じて見せれば、さらによし。その上で、穏便にコトを収めるべく奔走するのが、賢い組長の処し方なのである。一家を束《たば》ねていくには、相応の演出力を必要とするのだ。

だから、どんなに人望のある親分でも、腹を見せられないということにおいて孤独だ。

「××会の連中、このごろ目に余るな」

という本音を口にすれば、

「親分がケジメを取れと言っている」

ということになって組員が走り、トラブルに発展するだろう。

反対に、

「まっ、目くじら立てることもねぇか」

と言えば、

「親分は弱気じゃねぇか。なにか事情があるのか？」

と組員たちの疑心を呼ぶことにもなりかねない。

だから腹のなかを見せず、曖昧な言葉を口にするのだが、

「これが楽じゃないんですよ」

と言うのは、インテリにして人望家として知られる中堅組織の組長。

「幹部連中に相談するときも本音はもちろん言いませんし、悟らせないようにも注意します。**『綸言《りんげん》汗の如《ごと》し』ってやつでね。一度、口にした言葉は呑み込むことができません**から」

と、インテリらしく中国の格言を引いてみせる。

「綸言」とは「天子の言葉」のことで、『綸言汗の如し』とは「皮膚から出た汗が二度と体内にもどることがないように、君主が一度発した言葉は訂正したり取り消したりすることはできない」として、トップに立つ者の軽率な発言を戒める。

トップだけでなく、これは上司も同じだ。

「契約を取ってきました！」

「珍しいな」

と、言わずもがなの本音に、部下は頭にくることだろう。ここは、

「そうか、よくやった！」

というウソをついて正解となる。

人望のある親分が自分の腹のなかを見せないのと同様、有能な上司も決して腹のなかの〝本音〟は口にしないのだ。

リタイアしてから分かるのが本当の人望

人間の評価は、棺《かん》を蓋《おお》いて定まる――。

毀誉褒貶《きよほうへん》は世の習いで、生きているあいだは利害が絡むため、褒められたり貶《けな》されたりと、

その時々で評価は変わっていくが、死んでしまえばそれもなくなる。したがって亡くなったときが、その人間の真の評価である――と先人は教える。

人望はどうか。

棺を蓋うまで待たなくてもわかる。**退職など組織を離れたときに、それまでの人望がホンモノであったか、部下が地位にシッポを振っていただけか、すぐにわかる**のだ。

義理だ人情だと、ウェットなイメージのあるヤクザ社会も、親分の引退となればドライなケースが少なくない。組織の若返りという本家の大号令で、引退させられた傘下のH組長が、盛り場で元若い衆とバッタリ出会ったときのことだ。

「どや、おまえ、元気でやっとんのか」

と話しかけたら、

「こらッ、おのれはいつまで親分ヅラしとるんじゃ！」

と噛みつかれ、屈辱で身体が震えたと語ったものだ。

親分が絶対であるというヤクザ社会の規範は、**親分でなくなれば「ただの人」**ということでもある。ことに「序列」より「実力」を重んじる関西ヤクザ界にこの傾向は強く、「引退と同時に借金の追い込みをかけられた」とか、前述のように元若い衆にケツをまくられたといった話はいくらでもころがっている。

反対に、引退後も「おやっさん」と呼ばれて人望を集めている元親分もいる。権力を失ってなお、若い衆から仰がれるか否か。親分の器量は引退してわかるのだ。

親分だけでなく、幹部や先輩ヤクザも同様で、現役時代に可愛がっていた若い衆に飲み屋で行き会い、

「ひさしぶりやな」

と笑いかけたところが、

「邪魔や。そこ、どかんかい」

と居《い》丈高《たけだか》な態度をとられ、客たちの前で大恥をかいた元先輩ヤクザもいる。

会社だって同じだ。リストラにしろ定年にしろ、会社を去ってのち、部下や後輩たちがどういう態度を取るか。

「よう、ひさしぶり！　一杯やろうか」

「こらッ、いつまで上司ヅラしとるんじゃ！」

とは、もちろん言わないだろうが、

「急いでいるもので」

と、冷ややかな態度を取られるか、

「ぜひ！」

と喜んでもらえるかで、在職時代の人望がホンモノであったかどうかがわかるのだ。

自分が退職したら、部下や後輩たちはどういう態度で接するだろうか。そんな醒《さ》めた目も必要なのではあるまいか。「自分は人望がある」とうぬぼれるほど、楽なものはないからだ。

向谷匡史（むかいだにただし）

1950年生まれ。広島県呉市出身。拓殖大学卒業。週刊誌記者などを経て、作家。浄土真宗本願寺派僧侶。保護司。日本空手道「昇空館」館長。著書は『会話は「最初のひと言」が9割』（光文社新書）、『ヤクザ式 ビジネスの「かけひき」で絶対に負けない技術』『ヤクザ式　ビジネスの「土壇場」で心理戦に負けない技術』（以上、光文社知恵の森文庫）、『成功する人だけが知っている「ウソの技術」』（草思社）、『親鸞の言葉』（河出書房新社）、『ヤクザの実戦心理術』『ホストの実戦心理術』（以上、KKベストセラーズ）、『人はカネで9割動く』（ダイヤモンド社）など多数。著者ホームページ：http://www.mukaidani.jp/

ヤクザ式《しき》 一瞬《いっしゅん》で「スゴい！」と思《おも》わせる人望術《じんぼうじゅつ》

2012年9月20日初版1刷発行

著　者 —— 向谷匡史
発行者 —— 丸山弘順
装　幀 —— アラン・チャン
印刷所 —— 堀内印刷
製本所 —— 関川製本
発行所 —— 株式会社光文社
東京都文京区音羽1-16-6（〒112-8011）
http://www.kobunsha.com/
電　話 —— 編集部03（5395）8289 書籍販売部03（5395）8113
業務部03（5395）8125
メール —— sinsyo@kobunsha.com

 ISBN 978-4-334-03705-5

580
戦略人事のビジョン
制度で縛るな、ストーリーを語れ
八木洋介　金井壽宏

人事の最も大切な役割とは？　NKKやGEで人事部門を歩んできた「人事のプロ」と組織行動研究の第一人者が、いま、会社が「勝つ」ために必要な考え方を綴った、稀有な一冊。

978-4-334-03683-6

581
インクジェット時代がきた！
液晶テレビも骨も作れる驚異の技術
山口修一　山路達也

日本のものづくりを救う鍵は「インクジェット」。年賀状から、食べられるお菓子、DNAチップ、はては人工臓器まで「印刷」しうるこの技術が、ライフスタイルを大きく変える！

978-4-334-03684-3

582
商店街はなぜ滅びるのか
社会・政治・経済史から探る再生の道
新雅史

極めて近代的な存在である商店街は、どういう理由で発明され、繁栄し、そして衰退したのか？　再生の道筋は？　気鋭の社会学者が膨大な資料で解き明かす。上野千鶴子氏推薦！

978-4-334-03685-0

583
東京スカイツリー論
中川大地

なぜ建てられたのか？　開業までにどんな過程があったのか？　建築史や都市論の観点から見た意義は？　21世紀を代表するランドマークに様々な角度から迫る！

978-4-334-03686-7

584
鉄道会社はややこしい
所澤秀樹

たとえば直通運転では、鉄道会社どうしは車両や線路、駅を貸し借りし、それらの使用料を清算している。その仕組みは複雑怪奇だが、読むと楽しい、電車に乗ってみたくなる一冊。

978-4-334-03687-4

585
孫正義　危機克服の極意
ソフトバンクアカデミア特別講義

孫正義氏が直面した10の危機を取り上げ、どう乗り越えたかを解説。ベストセラー『リーダーのための意思決定の極意』の第二弾。第二部はツイッターを中心とした孫氏の名言集。

978-4-334-03688-1

586
医師のつくった「頭のよさ」テスト
認知特性から見た6つのパターン
本田真美

「モノマネは得意?」「合コンで名前と顔をどうおぼえる?」「失くし物はどう捜す?」…35の問いで知る認知特性が「頭のよさ」の鍵を握る。自分に合った能力の伸ばし方がわかる一冊。

978-4-334-03689-8

587
「ヒキタさん! ご懐妊ですよ」
男45歳・不妊治療はじめました
ヒキタクニオ

精子運動率20%からの出発…45歳をすぎ思い立った子作りで男性不妊と向き合うことになった鬼才・ヒキタクニオの、5年の懐妊トレの記録。角田光代氏も泣いた〝小説のような体験記〟。

978-4-334-03690-4

588
ルネサンス　歴史と芸術の物語
池上英洋

15世紀のイタリア・フィレンツェを中心に、古典復興を目指したルネサンス。それは何を意味し、なぜ始まり、なぜ終わったのか——。中世ヨーロッパの社会構造を新視点で解く。

978-4-334-03691-1

589
ただ坐る
生きる自信が湧く　一日15分坐禅
ネルケ無方

悩みの多い現代人は常に〝考え〟ていて〝頭でっかち〟。坐禅という「考えない時間」をつくることで、一日の内容から、人生そのものまで変わる! 今日から始める坐禅の入門書。

978-4-334-03692-8

590
日本の難題をかたづけよう
経済、政治、教育、社会保障、エネルギー

安田洋祐　菅原琢
井出草平　大野更紗
古屋将太　荻上チキ
+SYNODOS編

「ダメ出し」ではなく「ポジ出し」を！――経済、政治、教育、社会保障、エネルギー各分野の気鋭の研究者、当事者が、日本再生のための具体的な戦術、政策を提案する。

978-4-334-03693-5

591
それ、パワハラです
何がアウトで、何がセーフか

笹山尚人

急増する社会問題の背景に何があるのか。「言葉の暴力」「長時間労働」「退職強要」など、パワハラの実例を中心に弁護士が解説。管理職のみならず、ビジネスパーソン必携の一冊。

978-4-334-03694-2

592
なぜ、「怒る」のをやめられないのか
「怒り恐怖症」と受動的攻撃

片田珠美

怒りは抑えたり、無かったことにしても必ず再び現れ、自分や人間関係を傷つける。しつこい怒りを醸成する依存や支配、競争関係に着目し事例を分析。怒りを大切にする方法を説く。

978-4-334-03695-9

593
誰でもすぐできる
催眠術の教科書

林貞年

人の無意識に働きかけて心を操る究極の心理学「催眠術」。催眠誘導の環境づくりから実践テクニック、成功率の上げ方まで、第一人者が一挙公開。これ一冊であなたも催眠家に！

978-4-334-03696-6

594
ロマンポルノの時代

寺脇研

終焉後、四半世紀近く経った今も、人々の記憶に強く残り続ける「日活ロマンポルノ」。本書は、映画評論家として深く関わってきた著者による、16年半の愛とエロスの総括である。

978-4-334-03697-3

595
東京は郊外から消えていく！
首都圏高齢化・未婚化・空き家地図
三浦展

居場所のない中高年、結婚しない若者、空き家率40％予測……。さまざまな問題が大量発生する首都圏を舞台にした住民意識調査から、これからの都市と郊外のあり方を提言する。

978-4-334-03698-0

596
病院は、めんどくさい
複雑なしくみの疑問に答える
木村憲洋

長時間待たされる、医者の説明がよくわからない、薬局が外にある……。具合が悪いのに、病院に行けばめんどうなことばかり。医療現場の表も裏も知る著者がナゾを解明！

978-4-334-03699-7

597
この甲斐性なし！と言われるとツライ
日本語は悪態・罵倒語が面白い
長野伸江

女を罵りたいとき、男を罵りたいとき、愛を囁くとき、悲しみにうちひしがれたとき、人生につかれたとき、一発ぶちかましてみませんか。豊饒なる日本語の世界に分け入る一冊。

978-4-334-03700-0

598
東京いいまち一泊旅行
池内紀

一夜をともにして、初めて知る「東京の町」の素顔…。都心から郊外、山の手から下町まで。これまで幾度も通りすぎてきた町との新たな出会い。一人旅の名手が訪ねた東京20の町の記憶。

978-4-334-03701-7

599
沖縄美《ちゅ》ら海《うみ》水族館が日本一になった理由《わけ》
内田詮三

上野動物園を抜いて「沖縄美ら海水族館」が入場者数日本一になったのは２００８年。そこには「世界一」と「世界初」を目指した水族館づくりがあった。前館長が裏側を語る。

978-4-334-03702-4

600
現場力の教科書
遠藤功

早稲田で人気No.1授業の書籍化第2弾。あらゆる経営戦略にはそれを実行する「現場力」が不可欠。全18回の講義では様々な企業の現場を取り上げ、「現場力」の本質に迫る！

978-4-334-03703-1

601
もうダマされないための経済学講義
若田部昌澄

トンデモ経済学にはもうダマされない！　気鋭の経済学者が、歴史と絡めて経済学の基本を解説。「難しい」「わからない」という人のために「見えざる手」を見える化する。

978-4-334-03704-8

602
ヤクザ式　一瞬で「スゴい！」と思わせる人望術
向谷匡史

ビジネスの成功に不可欠な〝人望力〟を身につける一番の方法は、〝人たらし〟のプロ＝ヤクザに学ぶことだ！　長年ヤクザを取材してきた著者が、最強のノウハウを伝授。

978-4-334-03705-5

603
「ゼロリスク社会」の罠
「怖い」が判断を狂わせる
佐藤健太郎

化学物質、発がん物質、放射性物質……何が、どれくらいあるとどれだけ危険なのか。この時代を乗り切ってゆくために必要な〝リスクを見極める技術〟を気鋭の科学ライターが伝える。

978-4-334-03706-2

604
「ネットの自由」vs.著作権
TPPは、終わりの始まりなのか
福井健策

「情報と知財のルール」を作るのは誰か。その最適バランスとは？　これからの10年、論争の核となるアジェンダを第一人者が解説。〈巻末にTPP知財リーク文書抄訳を公開〉

978-4-334-03707-9